SEIKYUSHA LIBRARY

青弓社ライブラリー 58

劇場型社会の構造

「お祭り党」という視点

新井克弥

青弓社

劇場型社会の構造――「お祭り党」という視点／目次

第7章 「お祭り」とコミュニケーション――「お祭り」のミクロ構造 199

装画――浜田亜由美
図イラスト――川井悠一朗
装丁――伊勢功治

はじめに――「お祭り党」が出現している!

近年、日本に頻繁に発生する、おかしな、それでいてあまり指摘されない現象がある。それは事件やブームがすさまじい勢いで発生することだ。それらは瞬発的に発生し、一瞬にして国家を巻き込むような大きな力を発揮する。ただし、なぜか「揮発性」が高く、その大騒ぎは一瞬のうちに終わる。あるいは多少持続したとしても、フェードアウトするのはあっという間で、過ぎ去った後には、何事もなかったかのように忘れ去られていく。

小泉劇場、ホリエモン騒動、新庄劇場、タバコ追放運動、アルコール自粛ブーム、イジメ撲滅キャンペーン、そのまんま東劇場、安倍政権でおこなわれた参院選の歴史的惨敗、沢尻エリカ・倖田來未の失言バッシング、亀田親子・朝青龍バッシング、ビリーズブートキャンプ・ブーム、朝バナナダイエットブーム……あげていけばきりがない。実に不思議な現象だ。そして僕がリアルに体験したのが、そのまんま東劇場だった。というのも宮崎県知事選当時、僕はまさに宮崎で暮らし、宮崎の大学で教えていたからだ。県知事選で泡沫候補といわれたそのまんま東があれよあれよという間に人気を獲得。投票が終わってみれば圧倒的勝利を手にしていた。いや、それだけでなく、当選後もこの騒ぎは続いた。知事選が「そのまんま東」劇場第一幕とすれば、その第二幕が「東国原」劇場として始まったのである。しかも、それは宮崎でいまも続いている。

本書では、ここ数年頻発するこれら一連の社会的規模で急激に盛り上がる現象・事件を「お祭り」と呼ぶことにする。これはネット上、とりわけ掲示板サイト「2ちゃんねる」で頻繁に発生する「祭り」と呼ばれる現象をヒントにしたものだ。「祭り」とは、ネット掲示板「2ちゃんねる」で特定のスレッド（＝特定のトピックに議論が特化された掲示板）が爆発的に盛り上がっている状態を指す。これが発生するとスレッド内で議論されている内容がオフ会などで実行に移されることもある。ただし、ここでいう「お祭り」は「祭り」とは規模がまるで違う。「祭り」はたかだかインターネットとオフ会で発生するにすぎないが、「お祭り」は社会全体を揺るがしかねない影響力を発揮する。この「お祭り」を起こす人々を「お祭り党」と呼ぶことにしよう。「お祭り」「お祭り党」という現象はなぜ起こるのだろうか。そしてこれは情報化が進展する現代社会で何を意味しているのだろうか。本書のねらいは、この現象のメディア論的視点からの解明、つまり、なぜわれわれは「お祭り党」になって「お祭り」を発生させてしまうのかを分析することにある。また、この解明を踏まえて、より包括的な情報環境である「メディア空間」（後述）の変容について考察を加えていくのも、もう一つのねらいだ。

さて、本書のタイトルは「劇場型社会の構造」だが、ここでいう「劇場型社会」とは社会で一般的に使われる「劇場社会／劇場型社会」とは少し違っている。これらは、小泉劇場に象徴されるように、ある種のドラマと舞台仕掛けを用意してスペクタクルを展開し、現象・事件を発生させるような社会を指している。出来事・事件が、あたかもあらかじめ脚本が用意されたかのように発生するハイパーリアルなシミュレーション社会、と言い換えてもいいだろう。

一方、本書で扱う「劇場型社会」は、このような劇場社会／劇場型社会を部分集合とする、より包括的な社会を指している。つまり「劇場型社会」は、一般に使われる劇場社会／劇場型社会にプラスαがされた社会である。もちろん、このαの部分でも劇場社会／劇場型社会と同様、スペクタクルが展開される。だが、必ずしもドラマ仕立て＝物語を必要とせず、その場その場で壮大で大げさな仕掛けだけがシナリオなしで作動する。言い換えれば、劇場型社会は、劇場＝物語と舞台仕掛けを必要とする社会状況と、設定＝舞台仕掛けだけが必要で、その設定によって盛り上がる、いわば「激情」（あるいは「燃え」〔後述〕）社会という状況、の二つから構成されていると考えてもらいたい。社会は「劇場」仕立てから次第に「激情」仕立てによって成立するようになりつつある。その「激情」「燃え」状態、あるいは劇場型社会の二つの要素を象徴する現象として、僕は「お祭り」という概念を提案したい。

本書の構成を示しておこう。本書は大きく前半と後半の二部からなる。前半の三章分で「お祭り」現象の現状について展開し、後半の四章分でその構造について考察する。つまり、前半＝現象篇、後半＝分析篇という展開になっている。

まず第1章「東国原劇場の出現」では、「お祭り」現象をビジュアライズしてもらうために、宮崎で二〇〇六年末から起きている「お祭り」＝「そのまんま東劇場／東国原劇場」を実況中継的に取り上げる。いわば「お祭りドキュメント」である。

第2章と第3章では「お祭り党」とは何かを形式レベルと表層構造で解説する。第2章「「お祭り党」とフラッシュ・モブ」では「お祭り」のプロトタイプとしてのフラッシュ・モブについて解説し、「お祭り」との類似性と相違点を分析する。第3章「「お祭り党」の表層構造」では、「お祭り党」が出現する条件として「メディアの魔術師」と「メディア・イベント」の二つの存在を提示する。ここではメディアの魔術師の典型として小泉純一郎、新庄剛志、堀江貴文、長嶋茂雄を、メディア・イベントの典型としては安倍晋三バッシング、ドイツ・ワールドカップサッカーでのジーコジャパンの熱狂を取り上げる。

第4章から第7章では「お祭り」メカニズムの深層に切り込んでいく。第4章「テレビ的メディア空間の出現」では「お祭り」を発生させる要因となる中心的なメディアであるテレビの特性とその変容について、メディア特性の重層決定論的立場から、インターネットを中心とするWeb2.0との関連で考察する。第4章は、いわば後続する章で通奏底音をなす議論的前提の提示である。第5章から第6章では「お祭り」のマクロ構造について言及する。第5章「物語の終焉」では、「お祭り党」が出現するに至る過程を「物語の消滅」という文脈から展開する。ここでは共同体と「想像の共同体」、〈自己〉、アイデンティティ、「一般化された他者」といったキーワードを用いて、人々が「お祭り」を必要とするようになった原因を物語の縮小との関連で考察していく。続く第6章「物語と「お祭り」」では、物語論のなかで語られることがない「お祭り」を、東浩紀のデータベース論を叩き台にしながら物語論のなかに組み入れる作業をおこない、物語論に新たなパースペクティブを提示する。

そして最終章、第7章の「「お祭り」とコミュニケーション」では「お祭り」のミクロ構造について分析する。人間のコミュニケーション形式についてのアンドレ・マルチネの議論を用い、現代人が共同体構成員と同様、再び伝達から表出へと、対人コミュニケーションの重点を移動させつつあることを指摘し、そのなかで、テレビがコミュニケーション・メディアとして再び脚光を浴びてくる過程を明らかにしていく。また、それが結果として「お祭り」を発生させていくことを説いていく。

第1章　東国原劇場の出現

1　宮崎で発生した「お祭り」――しがらみ、汚職にウンザリしていた宮崎県民

「お祭り」「お祭り党」はどのような現象なのか。本章ではその具体例として、二〇〇七年の宮崎県でタレント・そのまんま東を中心に発生した「そのまんま東／東国原劇場」を取り上げてみたい。僕はこのとき、宮崎に暮らし、地元メディアと関わるなかで、ある程度当事者として一部始終を見てきた。就任後二週間でメディアを通じた経済効果は百六十五億円に達し、観光宮崎が復活、県庁は観光スポット化し、宮崎県産品が普及、地元の支持率は九〇パーセントを超えた。これはまさに「お祭り」現象そのものだ。そのまんま東こと東国原英夫は、本書が呼ぶところの典型的な「お祭り党総裁」、つまり「メディアの魔術師」（この用語の詳細については第3章で後述）だったのだ。〇七年、日本の南国、宮崎で何が起きていたのか。

二〇〇六年十二月四日、官制談合事件によって安藤忠恕《ただひろ》宮崎県知事が辞任したのを受けて（同月八日、安藤は逮捕される）、宮崎県知事選が公示された。

当初の予想は二人の自由民主党系候補、川村秀三郎と持永哲志の一騎打ちとみなされていた。ところが、ここにもう一人の候補が名乗り出る。宮崎県都城市出身で、ビートたけしの弟子たちからなるお笑いグループ「たけし軍団」のリーダーを務めていたそのまんま東だ。たけし軍団ナンバーワンの存在だったそのまんま東だが、一九九八年の淫行事件（実際は立ち寄ったイメージクラブ店が摘発を受け、顧客のなかにいた東は事情聴取を受けただけ）という「不祥事」以降、実質的な芸能活動がストップし、テレビ画面からはほぼ消えた状態になっていた。

この間、そのまんま東は早稲田大学第二文学部に入学。首席とまではいかないものの、優秀な成績で卒業すると、すぐに同大学政治経済学部に入学し、政治学を学んでいた（二〇〇六年春に中退）。また、しばしば宮崎を訪れ、住居も構え（東京との二重生活）、単発ではあるがテレビ宮崎（以下、UMKと略記）、宮崎放送（以下、MRTと略記）など、地元テレビ局の番組に出演していた。また、二〇〇四年、二度目の妻であるかとうかずこと協議離婚しているが、このとき、かとうが「夫の政治に対する思いにはついていけない」という趣旨の発言をしたこともあって、地元ではいずれ選挙に出馬するつもりではないかという噂は立っていた。しかし、県知事選への立候補というのは、こういったそのまんま東の噂が広がっていた地元宮崎でもやや予想外だった。むしろ、おそらく参院選、あるいは県議会議員選挙あたりに立候補するのではというのが、もっぱらの噂だったのだ。

ところが、官制談合事件というアクシデントによっておこなわれた突然の県知事選に、そのまんま東は出馬を宣言する。そこには、宮崎県内で繰り返される県知事による不祥事という背景があった。一九七九年には五期務めた黒木博知事が六期目に受託収賄事件で逮捕され、辞任。後任の松形祐堯は六期を全うしたが、巨大リゾート施設シーガイア建設にあたって膨大な公費投入を決断。だが、リゾート法（総合保養地整備法）制定第一号指定のこの施設は最終的に三千二百六十一億円の負債を抱えて倒産、アメリカの投資会社リップルウッド・ホールディングス社に、国有林のオマケ付きで百六十億円という二束三文の価格で売却されてしまう。後任の元黒木博秘書・安藤忠恕は、こういったしがらみを断ち切ってほしいという県民の期待を担って当選するが、結局は同様に官制談合事件によって辞任に追い込まれていたのだ。

「保守王国」といわれた宮崎ではあったが、さすがにこうした相次ぐ県政の不祥事に、県民は嫌気がさしていた。そこで、今度こそ官制談合など起こさない知事、一言でいえば「しがらみ」のないクリーンな存在が強く求められていた。

だが、突然の県知事選で、こういった県民の嫌悪感をよそに、自民党は内部で候補が対立するという最悪の事態を生じさせてしまう。自民党県連は元経済産業省課長の持永哲志を支持し、これを推薦。一方、連合宮崎は前林野庁長官（当時）の川村秀三郎を支持。こういった自民党内の分裂は、県民に「またか」と思わせるような印象を抱かせるのには十分な要因となった。つまり、利権争いの排除が懸案になっているにもかかわらず、自民党内に起こったこの分裂は、候補者のいずれも「しがらみ」つきの人物というイメージを付与してしまったのである。

そこに、ぽっと出の、知名度こそ高いがほとんどといっていいほど地元基盤をもたないそのまんま東が立候補した。だが、こういったしがらみにウンザリしていた県民たちは、一切「しがらみ」がない、そして顔と名前をよく知っているそのまんま東に、次第に注目しはじめるのだ。

ただし、立候補時点でのそのまんま東は「泡沫候補」にすぎず、そのうえ前述した不祥事の印象から「宮崎の恥」とさえ称される人物だった。この時点で、その後の逆転劇を予想できた人間など、いなかった。しかも、すでに投票日は一カ月近くに迫っていたのである。

2 選挙公示とともに「お祭り」は始まった

これは二〇〇六年十二月も押し迫った頃、僕が通っていた宮崎市内のスポーツクラブでの出来事。クラブ常連のおばさんたちがなにやら井戸端会議中。
A「見た？　そのまんま東」
B「見た、見た」
A「いいでしょう？」
B「そうよ、いいのよ、東は。選挙（県知事選）にお笑いタレントがでるなんて、選挙をバカにしているんじゃないかって思ってたんだけどねえ。だって、あの人、前に逮捕されたこともあるし。でも、演説聴いたら、これが、いいのよ。マジメだし、話もいちばん説得力あるのよね」
A「そうそう。あたしもそう思うのよ。あの真剣さとひたむきさはすごいわよ。やっぱ東に入れるわ、ね！」

「そのまんま東、結構人気があるんだなあ」とそのときは思ったのだが……。しばらくすると、今度はほかのおばさんたちが、さらにはおじさんたちもが同様の話をしはじめたのだ。それまで僕は、この人たちがスポーツクラブでの会話に政治の話を持ち出すのをほとんど聞いたことがなかった。会話のネタといえば、当然のことながらスポーツに関すること、健康に関すること、それにテレビにまつわることがほとんど。それがなぜか突然、あちらこちらで県知事選のこと、とりわけそのまんま東絶賛の話を始めたのだ。政治について話していることに加えて、そのまんま東が話題になっている、この二つに僕は驚いた。どうやら、このスポーツクラブのメンバーの間ではそのまんま東は、すでに当選しているらしい。そしてみんな、県知事選のことでワクワクしているのだ。このスポーツクラブでの「そのまんま東当選祭り」は、戯れ言でもなんでもなく、どんどん盛り上がっていった。そう、そのまんま東劇場が始まっていたのである。

3「お祭り＝そのまんま東劇場」の十分条件——パフォーマンス能力とテレビ・メディア力

これほどまでにそのまんま東が注目された背景には、県知事選の争点が「しがらみのなさ」にあったこと、そして自民党がしがらみをめぐって分裂していたことにあることは前述した。ただし、あくまでもそれは、それ以降発生する「お祭り」の必要条件でしかない。実際にそのまんま東劇場という「お祭り」が発生するためには、さらに十分条件が必要だ。それは、そのまんま東という人間のパフォーマンス能力、そしてメディアの力、極言すればテレビの力の二つだった。

そのまんま東がみせた選挙パフォーマンス

十分条件の一つめとして、そのまんま東が繰り広げたパフォーマンスについて述べておこう。東が展開した一連の選挙戦キャンペーンは、「素人」とみせかけた「プロ」の仕事、いや究極のプロの仕事といっても過言ではないほど見事なものだった。

①つかみは「マニフェスト戦略」で

まず、テレビなどでも話題になった「マニフェスト」戦略があげられる。

マニフェストには数値目標と政策達成期日が記載されていて、公約に具体性をもたせるには十分な説得力となった。のちに本人も明らかにしているが、このときのマニフェストは実は短期間で作られたもの。よくよく内容を吟味してみれば、全体的なつながりがなかったり、どうみても実現不可能な項目もある。とりわけ、それぞれの公約がほかの公約とどのように関連するのかについては、かなり弱かったといえる。ただし、県知事選としては初のマニフェストを掲げたことのインパクトは大きかった。一方、ほかの候補はマニフェストを提示していなかった。つまりマニフェストを提示したこと、そのこと自体が県民にとっては重要だったのだ。

マニフェストを掲げ、政策内容が具体的で明瞭なそのまんま東。一方、マニフェストなしのほかの候補者の演説内容は空疎で月並みな抽象論に終始し、東の具体性に比べて説得力に乏しい。そのせいで、いかにも、東以外の候補者が「出ろ」と言われて出馬しているかのように見えてしまう。つまり、あたかも誰かが演説の脚本を書いているような印象が生じてしまうのだ。しかも「しがらみつき」というイメージも、ここから増幅されていく。

こうして、マニフェストは東のパフォーマンスと見事なシナジー効果を発揮し、選挙戦略に有効に機能していった。マニフェストを中心にして、東のパフォーマンスはあちこちでブレークしていくのである。

そのパフォーマンスもまた意表をつくものだった。一言でいえば、それは「負を正に変える」とでもいうべきやり方だった。

②パフォーマンスその1——くそまじめ

一つめは「くそまじめパフォーマンス」である。

常に、マジメ。いわゆる「おばかネタ」をやらない。これが意外性を生んだ（もっとも、公職選挙法では芸人が選挙活動で演芸、つまり持ちネタを披露してはいけないことになっているので、こういったこともくそまじめに徹した理由のひとつではあるのだが）。もともとがお笑い芸人なので「ふざける」だろうと予想していたのに、「くそまじめ」「ひたむき」が前面に出てくると、これが見事なコントラスト効果を生んだ。要するに、いつも百点を取っている生徒が、また百点を取ったところでどうということはないが、普段は赤点の生徒が突然八十点を取ったら、これは目立つ。つまり、まじめな演説などできないと思われていたお笑い芸人が、真摯に政策を語ってみせたのだ。この落差が聴衆を引き付けていった。

　また、芸能人の応援を一切断ったというパフォーマンスも功を奏した。つまり、誰にも頼らず裸一貫で戦うという図式を貫徹したのだ。師匠であるビートたけしが応援に行くという申し出を断ったという風説（実際はそんな事実はなかった）まで生まれた。これで、唯一の「しがらみ」である芸能界とのつてさえも切ってしまったように見えたことが、逆に徹底した「しがらみ」のなさというイメージにつながり、さらにほかの候補とのコントラストを際立たせていった。県知事選の争点が「しがらみ」だっただけに、これは実に効果的だった。

③パフォーマンスその2――過去の不祥事を逆利用

　だが、こういった自分のイメージを逆利用するのが最も効果的にはたらいたのは、自らの「過去の不祥事」をあえて話題にするというやり方だったろう。一九八九年のフライデー襲撃事件、九八年のいわゆる「淫行事件」を演説のマクラにしてしまうのが、それだった。演説のはじめに「九八年には不祥事を起こさせていただきました」という少々奇妙な丁寧語で語り聴衆に深々と頭を下げると聴衆は爆笑、つかみは十分となるのだ。まさにこうしたところは芸人のパフォーマンスの面目躍如だが、これはギャグというほどのものではない。しかしこれによって有権者の気持ちを摑むと同時に、過去の「不祥事」がマクラネタとして受け入れられることで、不祥事への「みそぎ」がすんでしまうのだ。つまり、不祥事とされていたことが笑いとともに相対化されてしまい、もはやすんだこと、なかったこととして聴衆には位置づけられる。しかも、その場は和む。そしてその後に痛快爆笑マニフェスト漫談が続く。強い思いと芸人として培った明瞭な語り口で、聴衆をグイグイと引き付けていく。おしまいには、聴衆は彼を本心からの大拍手でたたえたのだ。

こういったやり方は、女性、とりわけ主婦層の高い人気を取り付けることに成功した。「「淫行歴」のある、女癖の悪い芸能人」というイメージは、こういったパフォーマンスによって「すっかり改心して、宮崎のために尽くす気になった男」へと変化し、激的にポジティブなものに転じていく。

一時は「宮崎の恥」とまでいわれ、出馬当時は泡沫候補扱いだったそのまんま東のイメージは、こうしてどんどん変わっていった。

④パフォーマンスその3――どぶ板戦術としての宮崎弁とワンフレーズ・ポリティクス

こういったトリッキーな選挙戦術だけでなく、いわゆる「王道」のどぶ板戦術にも抜かりはなかった。

宮崎弁(厳密には都城弁)を用いたことも有効にはたらいた。ちなみに、ほかの候補者は宮崎弁を使っていない。もはや全国的に知れ渡った二つの言葉「宮崎をどげんかせんといかん」「県民総力戦」のうち、前者は宮崎弁である。街頭演説でも、そのまんま東は積極的に宮崎弁を駆使していった。しかし、東は三十年間宮崎を離れていたあいだ、方言はほとんど使っていない。にもかかわらず、選挙戦では方言を積極的に使うことで、有権者との親密性を高めていったのだ。つまり確信犯的な戦略だった。

また、鈴木宗男、浜田幸一、田中角栄といった大衆政治家が得意としてきたドブ板選挙を踏襲することにも、抜かりはなかった。あっちこっちで有権者との即席討論会を開催したのはもちろんだが、こんなこともあった。これは僕が実際に目にした光景だ。選挙カーに乗ったそのまんま東が通りかかると、民家の二階のベランダで布団を干していたおばさんが布団たたきを大きく振りかざして東の選挙カーに手を振った。するとすぐさま、東は車を降り、大仰なしぐさで両手を大きくあげて、おばさんに何度も手を振った。やがて、それに気づいた通りすがりの人たちが東を取り囲み、大握手会が始まったのだ。東は有権者の一人一人に握手をし、深く頭を下げていた。おそらくはこんなベタなことをしょっちゅうやっていたのだろう。このエネルギッシュなパフォーマンスに、有権者は魅惑されていった。

県民は明らかにわくわくしていた

演説会は日に日に盛り上がっていった。立ち会い演説会や会場での演説会を聞きに来た有権者は、当初は単純にタレント見たさで集まってきていたが、途中からは明らかに本気でそのまんま東の話を聞きに来るようになっていく。冗談がほとんどなく、マニフェストに基づいているため話の焦点が絞れていて、しかも宮崎弁による漫談もどきの演説に誰もが真剣に耳を傾け、終わった後には、毎回、スタンディングオベーション状態。誰かが「ブラボー！」とでも言いだすのではないかと思うほどの勢いだった。

ちなみに、普段はまったく政治になど関心がない僕の大学の教え子たちも、このときばかりは口々に県知事選挙の話をしていた。そして、実際に彼らは投票に出かけ、そのほとんどはそのまんま東に投票したのだ。おそらく、彼らにとって初めての投票だったのではないかと思う。

こうして最終的に、そのまんま東は「まじめ」「よく勉強している」「宮崎のことを真剣に考えている」と評価されるようになった。同時に、一切「しがらみ」がない候補と位置づけられた。県民みんなが東の周りで踊りはじめたのだ。宮崎では明らかに、そのまんま東劇場という「お祭り」が起きていた。

メディアの力――メディアはそのまんま東に利用されたのか

①東はメディアを利用していない？

「お祭り」発生の十分条件のもう一つは、メディア、とりわけテレビがそのまんま東を後押ししていたことだ。もちろん、選挙期間中、マスメディアが特定の候補者に肩入れすることは禁止されている。だから当然、テレビが東について優先的に報道していたわけではない。だが、結果としてテレビは東をクローズアップすることになってしまっていた。なぜか？

実は、この時期、他県でも県知事選挙があった。にもかかわらず、テレビ、とりわけ民間放送の多くが宮崎の県知事選を最もよく取り上げた。これはそのまんま東の存在があったからだろう。もちろん表面的には中立平等の報道をしなければならないので、宮崎県知事選も県知事選のひとつとして報道され、メディアはどの候補者も平等に取り上げてはいた。だが、宮崎県知事選をよく取り上げるというその姿勢自体に東の存在が影響していたことは否定できないだろう。報道とてテレビは視聴率がすべてだ。番組制作側は無意識のうちに視聴者が好む情報に焦点が集まるようになる。

県民の間でも、テレビで宮崎がよく取り上げられるのはそのまんま東がいるからというのが、暗黙の了解になっていた。宮崎が目立つのは東のおかげだ。「こりゃいい。宮崎は全国区だよ」と県民が思いはじめる。つまり「いま、宮崎はイケてる。宮崎県民の自分もイケてる。こうなったのはそのまんま東のおかげ」という図式ができあがっていった。

また、宮崎県内でも、テレビ報道は同様の効果をもたらしていたといえる。普段はさほど県知事選などには関心を抱かない人々が、そのまんま東見たさにテレビのチャンネルを県知事選報道に合わせる。ほかの候補はどうでもいい。テレビ視聴の基本的なスタンスとは消費的な暇つぶしなので(詳細は第7章参照)、有権者＝視聴者の関心がもっぱら候補者としてのそのまんま東が何を言うかに向かうのも無理もない。つまり、選挙のテレビ報道を見る動機は、そのまんま東にあるのだ。さらに、東は前述した強烈なパフォーマンスで一気に視聴者の関心を引き付ける。こうなると抽象論に終始するほかの候補は、東の引き立て役にしかならない。こうやって、テレビはテレビ側の意図とは関係のないところで、東の旗振り役をやらされてしまうことになったのである。

②「大名行列」の出現

テレビがそのまんま東劇場の旗振り役を務めたエピソードをもう一つ付け加えておこう。

投票日も押し迫った頃、沿道を進むそのまんま東の選挙カーの背後には中央キー局の取材車が連なっていた。もちろん、この様子を選挙中に放送することはできないが、選挙の結果が出てから放送するための映像として撮影しておくといったことが念頭にあったようだ(実際、選挙後に放送された)。それは、さながら「大名行列」というべき光景だった。東の選挙カーを取り巻く取材車の行列が続く沿道には、人々が大挙して押し寄せる。県民は、この殿様＝そのまんま東様御一行の大名行列に驚いていた。彼らは思ったことだろう。そのまんま東が、日本中を巻き込んですごいことをやっている、と。

4 予想外の結果か、必然的結果か

数十年にわたる県知事が関わる不祥事の連続で、保守王国・宮崎は「しがらみ」政治にはウンザリしていた。さらに自民党内の分裂で同党は候補を一本化できなかった。そこにそのまんま東が知名度を生かし、卓越したパフォーマンスで選挙戦を展開し、これに注目したメディア、とりわけテレビが結果として援護射撃する格好となった。

当初、選挙は分裂した自民党の二候補、川村と持永の戦いと目され、そのまんま東は泡沫候補扱いだった。だが、東はあっという間に持永を蹴落とし、最終的に川村候補と拮抗。政治評論家たちは、当日の天候がよく、投票率が上がり、無党派層が動いて浮動票が入れば東の当選もありうると予想するまでになった。

投票日の二〇〇七年一月二十一日の天候は雨、しかもセンター入試の日でもあった。午前中は予想どおり投票率が前回を下回る。これでは、そのまんま東の当選は難しいと思われた。そして午後になっても天候はいっこうに回復しない。ところが――。人々は投票所へと足を運んだのだ。そして……終わってみれば投票率は六四・八五ポイントと、前回を五・五一ポイントも上回っていた。そして……そのまんま東は二十六万六千八百七票を獲得し、川村に七万票もの差をつけて圧勝したのである。

年代別得票率も六十代以下は男女ともトップだった。もし天候がよかったらこの差はいったいどこまで広がっていたのだろうか。これこそが、そのまんま東劇場なのである。つまり、宮崎県民が「お祭り党」化し、壮大な「お祭り」を繰り広げていたのだ。ちなみに、いわば「逆お祭り」状態になったのが持永候補だった。自民党県連に加えて民主党の推薦も受けていたにもかかわらず、十二万票足らずと、東に十四万票近く差をつけられて予想外の惨敗を喫した。当初の最有力候補は、投票日寸前には「泡沫候補」にまで落ちぶれ、逆に何の地盤ももたない当初の泡沫候補が圧勝したのである。こんなことはこれまでならありえない話だった。これを「お祭り党」のしわざといわずして何といおうか。

5　東国原劇場の開始——選挙後も劇場は続く

「負」を「正」に変える芸の発展形としての実を取る戦略

一九九五年、東京都で青島幸男、大阪府で横山ノックという二人のタレント候補が知事選に立候補し当選した。当時、これは「無党派層の反乱」と呼ばれた。ただし、このときは、当選した後は、何事もなかったかのように従来の都政、府政が続いた。それは一時の「お祭り」でしかなかった。

ところが二〇〇七年の宮崎はそうではなかった。というよりも、選挙戦はむしろ「劇場」＝「お祭り」の序章にしかすぎなかったのだ。そのまんま東当選の次に待っていたのは「そのまんま東劇場」よりさらに大がかりな、県民だけでなく日本国民をも巻き込むような「東国原劇場」だった。

そのまんま東は当選とともに実名の東国原英夫を名乗ることに決めた。「東国原宮崎県知事」の誕生である。とはいうものの、不祥事を逆手にとったり、お笑いをまじめに転じてしまうといった「負」を「正」に変える、そのまんま東流の芸＝パフォーマンスは、東国原英夫になっても変わるところはなかった。むしろ、より積極的に政治の手法としてこれを活用しはじめるのだ。しかもその際メディア、とりわけテレビが積極的に活用されている。演説会場でとられた戦略が、今度はテレビに応用されていくのである。

鶏インフルエンザで宮崎地鶏を全国区に

その第一弾が鶏インフルエンザ事件だった。当選直後、宮崎県清武町で鶏インフルエンザが発生し、これが全国的に報道された。いわば、県知事就任後、第一の試練が訪れたのだ。当初、東国原は「鶏肉を食べるのが不安」といった趣旨の発言をしていた。つまり、鶏インフルエンザにかかった鶏肉それ自体は食べたとしても人間には何の影響もないということさえ知らない、一般市民と同じレベルの認識しかなかった。ただし、事件が発生し、事情を聴取し、状況を把握すると、即座に鶏インフルエンザによる風評被害の防止を開始する。自ら現場で陣頭指揮を執り、迅速な対応を求めると同時に、風評被害防止のための呼びかけを再三おこなったのである。これが知事としての最初の仕事として日本中に報道されたのだ。もちろんワイドショーも積極的に取り上げ、結果として「鶏インフルエンザ」程度の話題が、大事件のように報道されていった。メディアがこのように取り上げたのも、「そのまんま東こと東国原宮崎県知事が初めて取り組んでいる問題」だからだったのは明らかだ。ＮＨＫも含めてテレビニュースのほとんどは、この事件を報道する際、鶏舎と鶏を背景に作業着を身に着けた東国原をクローズアップしてみせたのである。

だが、話はこれだけでは終わらない。東国原は鶏インフルエンザ事件によって宮崎地鶏というものが全国に知れ渡ったことを利用し、あろうことか地鶏を全国に向けて大々的に売りはじめるという逆転の発想に打って出たのである。袂に「みやざき」と染め付けた法被姿で自ら物産展などに積極的に顔を出し「宮崎地鶏は、安全、安心。しかもおいしい」とアピール、買い物客らの前で食べてみせるというパフォーマンスを繰り返した。これがワイドショーを中心にテレビで大々的に報道され、宮崎地鶏は一気に全国ブランドに上り詰める。あとはご存じのとおり、地鶏は全国的に爆発的な売り上げをみせた。その結果、宮崎は「地鶏王国」というイメージを鹿児島から奪い取ることに成功する。「宮崎地鶏」というブランドを形成してしまったのである。これは、選挙時にとった手法、つまり過去の不祥事を逆手にとるのとまったく同じやり方だ。考えてみてほしいのだが、これがもし前任の安藤県政下に起きた事件ならば、宮崎地鶏は壊滅的な打撃を受けたに違いない。まさに東国原知事ならではの「負」を「正」に変えるテクニックを応用してみせたのである。

ちなみに、鶏インフルエンザ事件をめぐってテレビが東国原を取り上げた時間は非常に長く、就任後数週間はワイドショーで最も頻繁に取り上げられる話題になっていた。電通の試算によれば就任後二週間の経済効果は百六十五億円にのぼるという。この額は、東国原がテレビに出演していた時間を広告として買い取っていたらいくらになるかという想定ではじき出されている。つまり、東国原は宮崎県の「負」のイメージを利用して、テレビ・メディアをジャックしてタダで宮崎県の広報をさせてしまったのだ。

宮崎県民もこれには驚いた。テレビのスイッチをつければ、あちらこちらで宮崎が報道されている。まるで宮崎が日本になったような錯覚さえ受けるほどのおびただしい報道だった（ただし必ず東国原知事が映っている）。再び、僕が通っていたスポーツクラブでのおじさん・おばさんたちの会話を紹介すると、このとき、この人たちが異口同音に発した言葉は「東は二週間でもう元を取った」だった。宮崎の人々は、本来ならダメージを受けてしまうはずの鶏インフルエンザ事件をてこにして、むしろ次第に宮崎に自信さえもちはじめていたのだ。そして、当選後も東国原知事の支持率はさらに上昇していった。

「東国原チルドレン」を指名しないという作戦

県知事就任から三カ月後の二〇〇七年四月、宮崎県議会議員選挙がおこなわれたが、この結果は東国原政権の今後を左右するといわれていた。現状は、知事にとってオール野党の県議会だった。しかもタレント出身の知事は政治の素人だろうと、自民党が多数を占める県議会からは「赤子の手をひねる」ようなものとなめられていた感がある。当初のうちは、県知事戦での圧倒的な勝利を受け、メディアが大々的に東国原フィーバーを繰り広げるなか、知事を責め立てるのは旗色が悪いと、県議会、とりわけ自民党県連は様子見の状態を続けていた。しかし、県議会選挙が終われば、ブームも沈静化し、その後はいよいよオール野党、そして自民党を中心に東国原イジメが始まるものと予想されていた。青島幸男や横山ノックのように、結果として議会や県庁職員によって飼い慣らされるのも、時間の問題と思われていたのである。

東国原知事としては、県議会の傀儡とならないためには何らかの対策を打たなければならないはずと思われた。そのためには、県議会選挙は絶好のチャンスだった。つまり、現下の人気を活用して「東国原チルドレン」を立候補させ、シンパを多数当選させることで、オール野党の県議会にカウンターブローをぶちかませばいいのだ。おそらく、そうするだろうと多くの県民は予想していた。

ところが、なぜか東国原は「チルドレン」を指名しなかった。大学時代の仲間で県議会に打って出た武井俊介という立候補者がいたが、指名どころか推薦さえしなかったのである（本人は勝手に「東国原チルドレン」を自称していたが）。東国原の当時の勢いであるならば、県議会議員どころか全国区の候補者さえ「チルドレン」として指名できたはずである。ところが、これをまったくやらず「中立」を宣言してしまった。当然ながら、周囲は首をかしげた。

県議選を翌日に控えた四月十四日、東国原知事をゲストに迎えた生放送のローカル番組にコメンテーターとして出演した僕は、このことを知事に直接質問した。すると、知事は次のように回答した。

「県民総力戦なんですから、与党だとか野党だとか言っている場合じゃないんです。宮崎をどげんかせんといかん。宮崎をよくする気持ちがあるのなら、その人たちは政党にかかわらず、すべてが与党。オール県民党体制でいかなければなりませんから、自分があえて対抗勢力みたいなものを作る必要はない」

つまり、宮崎はいまや非常事態なのだから、議会で争っている場合ではないという趣旨だった。なるほど、筋は通っている。しかもなかなか格好いい物言いではある。だが、選挙戦でのしたたかさを十分に見聞きしていた僕としては、これを文字どおりに受け取ることはできなかった。ほかの意図があるはずだと考えたのだ。これは県議に「貸しを作っている」ということなのだ、と。

つまり、今回はあえて「東国原チルドレン」を指名しないことで県議会議員に議席を「安堵」し、貸しを作る。その貸しを議会で協力してもらうことで返してもらう。そんな計算をしているのだ。もちろん、こんな離れ業は、県民の圧倒的な支持があるからこそできるわけで、そのことも東国原はよく認知していたのではないだろうか。

そうだとすれば、これは長野県知事を務めた田中康夫とは対照的な議会運営の方法といえるだろう。そして極めて賢いやり方ともいえる。田中は長野県知事として民主主義の理念をかたくなに押し通し、オール野党の県議会とバトルを繰り返した。そして、最後にはバトルに疲弊した県民が田中を知事の椅子から引きずり降ろしたのは、記憶に新しい。一方、東国原政治はいわば調整型の政治であり、しかも県議会に自らの権力もキッチリと示している。田中のような真っ向対立にも、青島幸男や横山ノックのような官僚の操り人形にもならない状況をつくったのである。

そして、これもまた「負」を「正」に変える逆転の発想に基づくものといえる。つまり、敵に塩を送ることで、最終的に環境を自分に有利な方向へと変えていくというやり方なのだ。

6 「東国原帝国」の誕生？

東国原知事の支持率は日を追って上昇していった。そして二〇〇七年六月、地元の「宮崎日日新聞」の世論調査で知事の支持率はついに九五パーセントに達する。もはや金正日並みとさえいえる。こういった圧倒的な支持率を傍証するエピソードをちょっとあげておこう。

二月におこなわれた最初の県議会。この時点ですでに東国原は県民の圧倒的な支持を受けていて、あまり批判できないムードができあがっていた。そんななか、県議会が始まった。このときの議会のムードは、民主党県議団の権藤梅義の次の言葉から知ることができる。「ヘタな質問でもしようものなら全国に報道されてしまう。論戦がどこまで活発になるのか、よくわからない」。このことが顕在化したのが「保守王国のドン」と呼ばれた永友一美《いちみ》県議（宮崎県議会自由民主党会長〔当時〕）の代表質問だった。冒頭、永友は「神様、仏様、東様」「あふれんばかりの人が入っている（県議会会場のこと）。春一番ならぬ東風のおかげ」と新知事を持ち上げたうえで、知事が掲げたマニフェスト改革については「根拠と具体的方法はどうなるのか」と疑問を投げかけた。この質問自体は、さほど厳しいものではなかった。だが、これに対して答弁した東国原は、最後に「一美《いちみ》だけにスパイスの効いた質問でした」とダジャレをとばして応酬したのだ。このやりとりは全国的に報道されたために、永友の名前もまた全国区になった。しかし、それは永友にとってはネガティブな方向に作用する。なんと自民党県連の大物であるはずの永友が四月の県議会選挙で落選してしまったのだ。永友はすでに七十歳に近く、四期という長期にわたって県議会議員を務めていて、世代交代の時期にさしかかっていたという要因もあったことは確かだが、少なくともほかの県議会議員たちは「東国原知事に盾突くと県民から痛い目に遭わされる」とだけは感じたのではないだろうか。ちなみに永友議員落選については、東国原自身も「驚いた」とコメントしているほどだった。テレビは政治生命を奪うような力さえもちかねないということを実感させる出来事だった。

また、こんなエピソードもある。地元MRTはこの最初の県議会の様子をテレビで生中継する際、スタジオにコメンテーターを控えさせ、知事の所信表明演説の後に彼らがコメントを述べる形式をとった。いまや全国からも注目されている宮崎県議会である。テレビが普段とは異なったスタイルをとったのはある意味、当然だった。

このとき、コメンテーターの一人に、毎日新聞社の大島透宮崎支局長がいた。大島は東国原知事の演説を「総花的」「台本を読んでいる」とし、もっと「そのまんま東」的なアドリブがあってもよかったのではないか、といった趣旨のコメントを述べた。すると番組終了後、テレビ局には大島を非難する電話が多数寄せられたのである。これは放送局にとっても大島にとっても驚きだった。いわば「何人たりとも東様に盾突くことなど、許されない」、そんなムードができあがっていたのだ。

7　メディアの利用──東国原知事のメディア活用術

県知事選まではメディアが勝手にそのまんま東候補を利用していた感があったが、東国原知事の県政の進め方を見ていると、選挙後は一転して東国原がメディアを積極的に利用しはじめていることがわかる。ここまで述べてきた事柄については、あくまでメディアに取り上げさせた、メディアの自分に対する扱い方を踏まえてメディアを利用したという、間接的なメディア利用という側面だった。しかし、以下に述べるのは、東国原知事が一歩踏み込んで直接的にメディアを活用するようになる側面である。

バラエティは「東国原知事」、議会は「そのまんま東」

まず、なんといってもテレビへの頻繁な露出である。しかも報道番組よりバラエティ番組への出演の方がはるかに多い。ちなみに、バラエティ番組への出演の理由は露出時間が長くなるというメリットを利用するため、と東国原自身が語っている。テレビ出演の際、東国原は必ず県産品の売り込みをする。「宮崎地鶏」はその典型だった。また、バラエティで笑われ役を演じることで、県知事という堅いイメージを払拭し、県民や全国の国民から親近感を得ることに成功している。ちなみにタレントとして出演しているわけではないので、ギャラはタレント時代の数分の一、公務となればタダである。

バラエティへの露出については「テレビに出すぎ」などと批判されることも多い。このことを踏まえ、前述した番組のなかで僕は「あなたはそのまんま東なのですか？　それとも東国原宮崎県知事なのですか？」と尋ねた。これに対する東国原の答えは「自分はそのまんま東と東国原知事を使い分けている」というものだった。ただし、その使い分けは、こちらの予想とはまったく逆だった。それは「バラエティに出演しているときは東国原知事」で「議会や県庁での仕事のときはそのまんま東」というものだ。つまり、バラエティ番組ではあまりバカをやらず、それでいてもっぱらいじられる役に徹し、あくまでも知事として県産品や宮崎の売り込みをする。だから、バラエティ出演の際には原則として背広姿であり、ギャグも控えると肝に銘じているという。そのまんま東としてはギャグをとばしたいのだが、いまは「東国原宮崎県知事」なのでギャグはできないと番組中でエクスキューズするのだが、逆にそれを面白いととらえたほかのタレントたちが知事としての東国原をいじるという図式ができあがる。いじめられている知事である。本来なら威張っている方が威張られているという逆のシチュエーションを見せることで「カワイイ」「親しみやすい」知事のイメージが生まれるのだ。要するに『釣りバカ日誌』の「スーさん（＝鈴木建設社長）」みたいなもので、権威の頂点にいるはずの人間が「ハマちゃん」のような自分より下の者にこびへつらわなければならないという意外性を示すことによって、大衆からの支持と親密感を獲得するわけだ。こうして、テレビでは自分のイメージづくりを徹底的におこなっているのである。

一方、議会では一転して「そのまんま東」となる。芸人「そのまんま東」を見る機会がなくなったのでどんな芸風だったか忘れてしまった読者も多いかもしれないが、そのまんま東は基本的には「ツッコミ芸」の芸人だ。たけし軍団のリーダーなので、弟弟子たちをどつきまくっていい。また、素人参加型番組『風雲！たけし城』（ＴＢＳ）では「三太夫」として殿であるビートたけしの参謀となり、素人出演者をどつきまくっていた。[1]

このアグレッシブなキャラクターが県議会で炸裂する。質疑を一問一答式にしろとか（実際に議会は一問一答式になった）、定例記者会見はいらないなど、自分が合理的ではないと考える事柄については かなり高圧的に改革していく。その典型は県議会議員選挙の後、ＵＭＫで生放送された県議会議員との討論番組だった。この番組はテレビ朝日の『朝まで生テレビ！』のような生放送の討論番組で、知事一人に対し当選した県議会議員ほぼ全員による討論バトルという形式がとられた。それでは知事側が圧倒的に不利なので県庁側は断ろうとしたらしいが、東国原本人がこれを快諾したという。こうして、番組は県議会議員からの質問や追及に知事がたった一人で応戦するというかたちで展開した。ところが知事は徹底的にツッコミ返し、ときには議員に逆質問を浴びせるなどして、完全に場を牛耳ってしまったのだ。ＵＭＫは当初五時から六時までだった番組を延長し、六時開始の『スーパーニュース』枠も使って結局七時まで番組を続けた。まさに東国原知事、いやそのまんま東の独壇場だった。この番組は大好評で再放送の要望が強く、以後深夜枠を使って何回か再放送されたほどだった。

また、県議会で東国原は、アドリブ、ギャグ、そして得意のツッコミを頻繁に展開する。これが議会へ注目を集め、その活性化に一役買うことになった。県議会は宮崎県知事・東国原英夫こと、

お笑い芸人・そのまんま東の演芸場と化したのである。これも、通常考えられるのとはまったく逆の発想といえるだろう。(2)

絞り込まれたトップセールス

しかしなんといっても、東国原知事によるメディア利用の最たるものは、ターゲットを絞り込んだ商品戦略の展開だろう。これがテレビ番組出演と大きく関連してくる。前述の地鶏のほかに完熟マンゴーといった宮崎県産品を取り上げて、自らが出演するバラエティ番組のなかで宣伝しつづけた。こういったターゲットを限定した宣伝は、不平等ではないかとの声も上がった。ほかの宮崎の県産品はどうなるんだという批判も出た。だが、このやり方もまた逆転の発想に基づいているといえる。メディア論的には、県外の人々に「宮崎」をイメージさせる方法としてはこれが正解なのだ。われわれはモノやコトをイメージする際に、一度にたくさんのことを覚えることはできない。たとえば英単語を百個覚えようと思えば、とてつもない苦労と時間が必要だ。だから、そのうちのいくつかを確実に覚え、その使い方を覚えることで英単語の感覚を養い、それを応用してさらにほかの単語を覚えていく。それが結果として語彙の増加につながっていく。こうすることで英語という世界それ自体を肌で感じることになり、親しみもてるようになる。つまり世界を知るためには、そのうちの一つをまずよく知ること。これが人間が物事を学習する基礎なのである。一つを熟知することで、さらにそれらが含まれている世界全体に関心を広げていくものなのだ。

こういった意味で、東国原知事は効率的な広報活動を忠実に実行しているといっていいだろう。

つまり地鶏や完熟マンゴーに特化して集中的に売り込むが、実はそこで本当に売っているのは、それらの背後にある「みやざき」というイメージなのだ。ある商品の背後に宮崎をイメージしてもらうこと。言い換えれば、これらを売ることで「みやざき」という記号を売り込んでいるのである。実際、地鶏や完熟マンゴーがバカ売れしたことも事実だが、それ以外の宮崎県産品もまた売り上げを増加させている。東京・新宿駅南口にある新宿みやざき館ＫＯＮＮＥの二〇〇七年度売り上げが前年比三倍、宮崎県庁横にあるみやざき物産館の売り上げに至っては前年比五倍の伸びを見せたことが、このことを証明している。

宮崎観光の売り込みにおいてもまったく同じやり方がとられている。東国原が観光の目玉として第一に思いついたのは、なんと宮崎県庁だった。観光コースに県庁を組み込ませ、玄関には「みやざき」と書かれた法被を纏った等身大の自身のパネルを設置して記念撮影をさせる。また夜には庁舎をライトアップし、県庁前には宮崎産のアイスクリームなどを提供するカフェを設置。自らも頻繁に登場し、訪れた観光客との握手に努め、八月下旬までに十万人の観光客を動員した。これもまた、何の観光的価値もないようなものに、自らの知名度を使って注目を浴びさせる逆転の発想だった。

以上の東国原流のトップセールスをおさらいしておこう。まず自らがテレビ、とりわけバラエティ番組に出演することによって視聴者を引き付ける。次に地鶏や完熟マンゴーなどの県産品を傾斜集中的に紹介する（ただし、すべて「みやざき」を修飾語に加えて）。その結果、宮崎の知名度が全国的に上がっていく。東国原→特定の県産品→宮崎の県イメージという三段仕立てで宮崎を全国区にする。その導入部がバラエティという客を集められるテレビ・メディアだった。だから「テレビに出すぎ」と言われるような状態を続けたのである。(3)

8 県民総力戦のゆくえ

こういった一連のメディアを駆使した東国原県政は、現状では確実に地域活性化へとつながっているといえるだろう。そして前記の戦略は、いずれも次のようなメカニズムによってそれぞれが稼働するという仕組みになっている。

まず、東国原が全国放送を中心にテレビに出演する。テレビ出演は原則的に公務がない土日で、このときの収録はおもにバラエティ番組である。出演中は宮崎のことにもっぱら言及する。そして、ウイークデーは政務に従事し、これはテレビで報道される。これによって宮崎県民は二つのことを実感することができる。

一つは、宮崎はいま旬で、全国的にも非常によく知られているということだ。これによって、県民は県民意識を高めていく。要するに県外の人に知られているということをテレビによって知ることで、「いま有名になっている宮崎にいる私」という意識が芽生えるのだ。テレビは県民に「みやざき、まんざらでもない」という自負心を提供することになる。つまり、東国原のテレビへの露出は、結果として県民意識を高めることになるのである。

これは僕個人の経験だが、東国原知事が就任した直後、東京に出張すると、なぜか人気者扱いされるという状態がしばらく続いた。もちろん僕が魅力的だからではなく、単に僕が宮崎に住んでいたからだ。宮崎から来たと言った途端に、「あの宮崎ですか、東国原知事の、地鶏の」というリアクションが返ってくる。そして、話題は宮崎に関することに流れていく。こういったことをおそらく宮崎県民の多くが経験しているはずだ。こうなると、誰でも、ワクワクせざるをえない。

もう一つは、東国原が宮崎に関する情報をテレビで紹介することで、実は宮崎県民が宮崎のことを認知し、そして宮崎に関心をもつという循環が起きていたことだ。宮崎県はもともと三つの藩が合併して作られた県であり、しかも中央である宮崎市は天領であるために県民意識が薄いという傾向がしばしば指摘されてきた。以前、宮崎市民を中心に宮崎の地域イメージについてアンケート調査をしたことがあったのだが、その結果、地域に関する語彙もあまり多いとはいえないという結果が出ている。こういった県民意識の低さは、当然、県民としての連帯感を希薄化させているともいえるだろう。そのような状態のなかで、東国原の全国ネットのテレビへの露出は、ある意味、宮崎県民に向けた県民意識の再認知、再教育といった効果さえ果たしているのである。

事実、これまでどちらかというと何もしていなかった県民たちが「どげんかせんといかん」「いまがチャンス」と重い腰を上げはじめた。これまでは潜在的になんとかしたいと思う人間がいても、そういう人たちがつながるきっかけがなかった。東国原はメディアを利用することで、そういう人たちをつなぎ合わせる「ちょうつがい」の役割を果たしたのだ。要は、知事が「お祭り」の音頭を取って県民を踊りに誘っているようなものだ。これまでは踊ることを躊躇していた県民に「知事が踊るなら自分も踊ってやれ！」という気分がわきあがりはじめたのだ。

さらにテレビに出演しつづけることは、東国原県政がスローガンにする「県民総力戦」を県民が実行に移さなければならないと感じるように機能しているともいえるだろう。前述したように東国原はウイークデーは公務と政務に明け暮れ、それが毎日のように報道される。一方、週末は毎週のように東京や大阪に出かけてはテレビに出演する。さらに、暇があればランニングを欠かさない。いまやテレビでは「日本一多忙な県知事」と紹介されるまでになった。誰もが「知事はいつ休んでいるのだ」という印象をもつだろう。実際、ほとんど休んでいないのだが、テレビを介して報道される東国原の一挙手一投足は、「県のトップリーダーが「県民総力戦」を不眠不休で実行しているのだから自分たちもやらないわけにはいかない」といった動機を県民に与えることになる。もちろん、実際にやるかどうかは別だが、少なくとも、そういう意識のもと、気分はすっかり「お祭り」モードになるのだ。

9 見た目の時代——政治と芸能は似ている

メディアを熟知した東国原

「所詮は政治の素人。あいつは本当の政治を知らない。だからブームが去ったら終わり」という東国原に対する評価は、そろそろ払拭されつつある。「東国原知事。政治の専門家ではないが、ジェネラリスト的視点を備えている。そもそも、専門家が知事になって宮崎で成功したためしなどない。だったら専門家ではなく県民をその気にさせる人物の方が、地域を活性化する人材としては優れているかもしれない」。宮崎県民は、だいたいこんな認識なのではないだろうか。

「テレビは第四の権力といわれているが、場合によっては第一の権力となる」。自らそう発言したように、東国原はメディアの力をよく心得ていて、これをうまく活用してきた。いや、そんなものは見た目だけだと、反論したい向きもあるかもしれない。しかし、いまの時代は見た目が現実になるという側面があるのも事実だ。ここ数年、日本全体を引っかき回した人物を思い返してほしい。小泉純一郎元首相、新庄剛志、そして堀江貴文。この人物たちに共通するのは、テレビを徹底的に活用したことだ。メディアを巧みに利用しながら、自分の考えを実行していった。彼らはテレビが第四の権力（場合によっては第一の権力）であり、イメージで人を動員することで、社会を変えてしまうことを知っていたのだ。

これと同じことをやっているのが、そのまんま東こと東国原宮崎県知事である。本人が言うように「政治と芸能は似ている」。つまり、どちらもパフォーマンスが重視される。そして、情報化の現代は、これまで以上に「政治と芸能が似てくる」時代なのだ。いやひょっとすると、政治というのはもともとそういうものだったのに、そのことが忘れられていただけなのかもしれないが……。

東国原知事はＳＭＡＰ？

以上のことを踏まえれば、そのまんま東を「素人」だと思っていた人間は彼に見事にだまされていたということになる。東は、いまでも素人のフリをして、人気を集めることについても抜かりはない。つまり、どこまでも「プロフェッショナル」なのだ。

東国原知事はアイドルグループのSMAPとよく似ている。どこに類似点があるのかと思うかもしれないが、次のように考えれば納得がいくだろう。

SMAPが登場する以前、男性アイドルグループ（とりわけジャニーズ）といえば「イケメンだけど芝居はできないし、歌もヘタ。あまり賢くはなさそう」というイメージがわれわれにはあった。そして当初、SMAPもまたこのカテゴリーのなかに入るように見えた。ところが、実際には彼らは子どもの頃からアイドルとして育成され、最終的に五人（当初は六人）のメンバーに絞られたエリートなのだ。確かに「イケメンだけど歌がヘタ」という先のステレオタイプに当てはまる部分もあったが、演技に関してはそれぞれに個性があり、決してヘタではない。バラエティ番組の司会なども見事にこなし、中居正広などは『NHK紅白歌合戦』の司会をこれまでに五回も務めてきた。「アイドルなのに、うまいな」という感想を、われわれは抱く。だが歌は相変わらずうまくはならない。しかし、ここが肝心なのだ。アイドルグループとしての本業はあくまで歌手だが、この本業がうまくないという点で、彼らは従来どおりのアイドルの枠のなかにとどまりつづけることができる。

つまり、SMAPが「歌がヘタ」なのは「芸能のプロ」であることをカムフラージュするために有効にはたらいているのである。だが、その落差によって彼らの演技や司会の見事さはいっそう引き立つ。いわば、われわれはSMAPというエリート芸能集団に見事にだまされつづけているというわけだ。

こう考えると、ＳＭＡＰと東国原がまったく同じ「負」を「正」に変える手法を用いて支持を取り付けることに成功していることがわかる。

二〇〇七年一月二十二日、宮崎県知事選投票日の夜だった。地元宮崎のＭＲＴラジオは、午後十時から選挙特別番組『今夜決定、県知事選』を放送し、僕はコメンテーターとして出演した。番組自体は当初選挙速報をおこなう予定だったのだが、そのまんま東の当選が早々に決まってしまい、内容を急遽変更することに。僕は当選直後のそのまんま東にインタビューすることになった。当選のお礼参りに宮崎から延岡の事務所に向かう途中の車のなかの東と電話でやりとりをしたのだ。

印象に残ったのは、メディア論的立場からそのまんま東の選挙戦の巧みさについて分析し、絶賛したときのことだ。最後に、「東さんがいちばん政治家として選挙が巧みだった」と僕が結論づけると、東は、分析内容についてはコメントせず、ただ「いや、どうもありがとうございます」と軽く流した。「やっぱりこの男はホンネは明かさないのだろうなあ」。このとき、僕は政治のプロフェッショナルとしての彼を垣間見たような気がした。

新しい知事のかたち？

さて、こうしてテレビ・メディアを活用して「お祭り」を持続させている東国原知事だが、次の課題は一兆円近い赤字を抱える宮崎県の財政再建だ。そのためには経済対策、つまり景気浮揚、産業振興が必要である。もちろん彼はこの方面では専門家ではない。そのため「東国原知事は本当の政治を知らない」と批判されるのだが、「本当の政治」という言葉自体がもはや怪しいといわなければならない。もしこれまで「本当の政治」がおこなわれてきたのならば一兆円もの財政赤字を抱えることも官制談合が発生することもなかったはずだからだ。見方を変えると、これまでの政治の方が「虚の政治」に思えないこともない。

それならむしろ東国原が続けている「お祭り」／劇場が、このまま継続した方がいいということにもなるだろう。つまり宮崎県民をその気にさせ、お祭り騒ぎのなか、県民を「お祭り党」にし、その勢いでそのまま突っ走ってしまえばいい。ひょっとしたら、地域の活性化というのはこんなところにあるのかもしれない。そこから新しい「県知事」のスタイルが生まれてくる可能性がないとは、決していえないのである。情報化時代はイメージの時代である。豊かな時代だからこそ、モノがあってもダメで、その気にさせなければならない。そういう力のある人、「お祭り」を起こすことができる小泉元首相や新庄選手のような人物が国家を、そして地域を活性化していく時代になりつつあるのではないだろうか。もちろん、それがいい方向に向かうのか、悪しき方向に向かうのかは別問題なのだが。

二〇〇七年六月、東国原はヤフードームを訪れ、王貞治監督（当時）を表敬訪問した。そのとき王監督は「東国原知事は宮崎県を変えただけでなく、県知事というもののあり方を変えた」と賞賛している。この評価は的を射ている。県知事という職を、それまでの「県知事らしさ」に基づいて務めてきた知事たちは、自分の足下が怪しくなったことに気づいたかもしれない。

注

（1）もちろん、たけし軍団なので、一九八〇年代から九〇年代に放送されていたテレビ番組『スーパージョッキー』（日本テレビ）では、そのまんま東はたけし軍団の一員としてたけしにツッコまれ、どつかれ、熱湯に浸からされるという役柄だった。ちなみに、元師匠であるビートたけしが東国原知事にエールを送る際には、必ず罵詈雑言になる。たとえば二〇〇七年九月、人間ドックを受けた東国原に甲状腺腫瘍が見つかったとき、たけしは「悪性だったら、死ね」とコメントし、それに対して東国原は、一瞬啞然としてみせてから「ありがとうございます」と返答している。これはまさにあうんの呼吸であり、師匠が元弟子の現在の立場を十分認識したうえでのひねりのある発言といえるだろう。つまり、たけしは芸人として「東国原知事に対してはツッコまなければならない」という約束をきちんと果たしているのである。

（2）東国原は、テレビに出演する際、自らのキャラクターを使い分けており、また、それを一般人にもわかりやすいやり方で示している。それは服装の違いだ。式典・議会・バラエティ番組で背広、一般の業務で作業着、そして県産品のアピールでは「みやざき」と書かれた法被と服装を使い分け、キャラクターの違いを明確に打ち出しているが、これは芸能人ならではの感覚だろう。作業着のときにはカジュアルな発言が目立ち、さらに法被のときには完全に芸人に戻って、このときばかりは宮崎のセールスマンとしてギャグをとばしまくる。つまり、テレビ映りやイメージの与え方がきちんと計算されているのである。

（3）もう一つ、これはあまり知られていない事実だが、東国原知事のキャラクターが掲載された商品（地鶏や菓子、海産物、招き猫まで）のほとんどが、知事に無許可で出回っているにもかかわらず、知事はこれをほとんど放置しているのだ。だが、これも意図がある。もしこれら東国原印が付いた商品をおおっぴらに許可した場合、公職選挙法に抵触する可能性がある。これは「売名行為」に該当するのだ。しかしながら東国原知事の商品訴求力は極めて高い。そこで、勝手に使わせるということにした。つまり許可を与えない、だが企業が勝手に利用していることにはおとがめもなしとする。公認してはいないが、訴えることもしない。こうすることで公職選挙法には触れないことになるし、東国原ブランドとして商品は売れることになる。東国原知事＝みやざきというイメージはすでに全国的に知れ渡っている。県外の人々がおみやげに東国原マークが付いた商品を購入すれば、それは結果として宮崎のアピールになり、結局、宮崎県のイメージアップ、商品売り上げアップにつながっていくのだ（ただし、県が正式に許可したものもあり、これには正式なキャラクターマークが使われている。この使用料は県側の収入になっている）。しかしながら、東国原マークが付けられたウナギが宮崎県産でないにもかかわらず、あたかも県産品のように販売されていたことが「食品偽装」として取り上げられたため、現在、キャラクター商品は、ある程度管理せざるをえない方向へと向かいつつある。

第2章「お祭り党」とフラッシュ・モブ

1　二〇〇七年参院選を不安視した自民党の読み違い——「お祭り党」の存在を知らないがゆえの

二〇〇七年六月、自民党内では時の安倍政権の行方が不安視されていた。「小泉政権からバトンを渡された安倍内閣の支持率がジリ貧だ。このままだと、八月に実施される参議院選挙には敗北してしまう可能性がある。対策を練らなければ……」。自民党からは、参院選に向けた何らかの選挙対策を打ち出す必要があるとの声が上がっていた。

自民党が懸念していたのは、二〇〇一年の参院選で獲得した議席を確保できないのではないかということだった。つまり、〇五年の衆議院選挙、いわゆる「郵政選挙」で獲得した浮動票層を取り込めないという懸念である。しかしながら、この懸念は前提自体が間違っている。そもそも自民党の支持基盤はすでに「郵政選挙」当時から脆弱化しており、そのこと自体に変わりはない。当時大量獲得した浮動票は、むしろ自民党支持を意味するものではなかったと考えるのが妥当なのだ。

では、二〇〇五年の衆院選で自民党に二百九十六人にも及ぶ当選者をもたらした無党派層とは何だったのか。これこそが「お祭り党」なのである。「お祭り党」は既成の政党のような基盤をもたないし、場合によっては選挙にも行かない。だが、「お祭り」を察知する感度が高く、「これはお祭りだ」と判断すると即座に「お祭り党」を結成して、選挙に甚大な影響を与える。ただし、「お祭り「党員」」は実際に選挙運動に協力しているわけでも、徒党を組んでいるわけでも、党員であることを自覚しているわけでもない。むしろわれわれの日常生活空間のあちこちに、一人寂しく匿名的存在として潜んでいる。そして投票の動機は政治ではなく「お祭り」に参加したいだけなのだ。だから、「お祭り」が起きてワクワクできるところであったら、いつでもどこにでも出現し、「お祭り」に参加する。与党だろうが野党だろうが、そしてもちろん、「お祭り」に参加できるのならば、政治でなくてもまったくかまわない。

このような「お祭り党」がいないとなれば、二〇〇七年の参議院選では当然ながら自民党の敗北が予想された。想定されるのは三年前の参議院選、つまり今回非改選となっている選挙の敗北の際に獲得した議席数五十人前後である。六年前は小泉劇場（これも「お祭り」だが）のおかげで大勝した。二〇〇五年の「郵政選挙」もまた、「お祭り」現象の結果である。だが〇七年の参議院選には小泉劇場のような「お祭り」は期待できない。となれば、「お祭り党」が出現しないため原則的に自民党の当選者数は三年前程度に落ち込むはずだ。

ところが、ふたを開けてみれば、安倍自民党は三年前程度どころか三十七人という「歴史的惨敗」を喫してしまった。なぜか。実は、ひそやかにではあるが「お祭り党」がいたずらをしていたのだ。

2　フラッシュ・モブ――「お祭り党」のプロトタイプ

「はじめに」でも言及したが、「お祭り党」という名称は、インターネットの掲示板サイト「2ちゃんねる」で頻繁に発生する「祭り」をヒントにしている。ただし、これはネット上以外で発生している現象に当てる言葉としてほかになかったために援用しただけである。「祭り」に「お祭り党」の起源をみているわけではなく、「お祭り党」があって「祭り」が発生したという立場をとる。とはいうものの、アイデアとして下敷きにしていることも確かである。そこで、本章では「お祭り党」の表層的メカニズムを「祭り」、さらにその原型ともいえる「フラッシュ・モブ」を下敷きにしながら説明していこう。

まず、最も基本となるフラッシュ・モブについて触れておく。フラッシュ・モブは「ウィキペディア」では次のように説明されている。

フラッシュモブ（Flash mob）とは、インターネット、特にEメールを介して不特定多数の人間が公共の場に突如集合し、目的を達成すると即座に解散する行為。政治的な意味合いを持つものは狭義には含まず、現代芸術的な様相を呈する場合もある。二〇〇三年五月にニューヨークでビルと呼ばれる人物が始めたのがきっかけと言われる。

匿名掲示板2ちゃんねるの祭、大規模オフと呼ばれる行為（たとえば吉野家オフやマトリックスオフ）と類似しているが、2ちゃんねるではフラッシュモブと比べてもかなり前からこのような行為が行われ話題となっているし、そもそもオフ会と呼ばれるものはインターネット普及以前のパソコン通信の時代から行われていた。

一部欧米でマトリックスオフが「日本にフラッシュモブが波及した」と捉えられたことについて不快感を表明した者もおり、両者は区別する必要があると考えている2ちゃんねる利用者も存在する。そのような人々が主張する言説では「一般に見知らぬ人間同士が親密にやりとりをすること自体が新鮮な出来事となる欧米と、多人数が匿名状態のままで騒ぐ（≠騒擾）日本の違いについていても見逃してはならないだろう。」としている。

また「ワイアード」ではフラッシュ・モブについて次のように説明している。

モブでは、何をしてもいい。ボスもいないし、すべてを牛耳るトニー・ソプラノ［米国のテレビドラマ『ザ・ソプラノズ 哀愁のマフィア』の主人公であるマフィアのボス］もいない。しかし、フラッシュ・モブはそもそも無意味でばかげた、完全に的外れな行動をとるものとして生まれたことを忘れてはならないと、最初にモブ・プロジェクトのアイデアを思いついた『ビル』とだけ名乗る匿名の人物は話している。

ビルは、二〇〇三年九月十日にマンハッタンで行なったモブ・プロジェクトでも、「これはただのモブ（群衆）であって、何の意図もない。それが一番、大事なことだ」と語っている。（略）ビルの構想によれば、モブの原理は思いつくままに行動することにあり、今回のモブの主催者たちもビルの意を受けて、この集会には政治的あるいは社会的な意味は全くないと言明している。（略）「（略）モブはばかばかしいものであるべきだ」と、ビルにならって『ディブ』とだけ名乗った、今回のモブ・プロジェクトの主催者の一人は語った。

これらの定義によれば、フラッシュ・モブとはそもそも「無意味でバカげた行動」（あるいは集団）ということ、しかも政治は含まないものということになる。言い換えれば、意味のない行動だ。また、「現代芸術的な様相を呈する場合もある」ともある。現代芸術は常に既成の意味＝パラダイムからの逸脱や超越、すなわちコードからの脱却をテーマにしてきた。マルセル・デュシャン、ルネ・マグリット、ジョアン・ミロ、ジャクソン・ポロック、アンディ・ウォーホール……こういった現代芸術の巨匠たちの試みはすべからく原則この文脈上にあるといっていい。いわば「意味のない＝既成のコードでは捉えられない」意味、すなわち意味転倒を呈示し、美的機能の模索／新しい意味の創造をおこなう営みだった。そしてフラッシュ・モブのパフォーマンスも、おそらくはこの「意味のない意味」の追求という文脈に位置づけられるといっていいだろう。

3 日本のフラッシュ・モブの特殊性

吉野家祭りとマトリックス・オフ

「ウィキペディア」「ワイアード」でも指摘されているように、日本のフラッシュ・モブは以上の文脈とは少々違っている。具体的に日本でのフラッシュ・モブ現象をいくつか取り上げてみよう。

たとえば、「吉野家オフ」だ。「2ちゃんねる」の掲示板で示し合わせた2ちゃんねらー（=「2ちゃんねる」に何らかのかたちでコミットメントする人々の総称）が、指定した日に吉野家新宿靖国通り店に押し寄せ、「牛丼大盛りねぎだくギョク」（タマネギを大盛りに盛り付けし、玉子をトッピングした大盛りの牛丼）を注文するというものだが、やることはこれだけだ。「マトリックス・オフ」も同様だ。そのひとつは提唱者が『マトリックス』の主人公ネオと同じ格好をして、たとえば渋谷の交差点から公衆電話までをあらかじめ指定した時間に駆け抜け、このオフに参加する者はスーツ姿のエージェントになって提唱者を捕まえるというものだ。

「午前十時にネオの格好をした私は、現実世界に戻るべくハチ公前の交番前の公衆電話に向かって猛然とダッシュをします。みなさんはスーツを着てエージェントに扮して私を止めてみてください。無事公衆電話にたどり着いたら私の勝ちです」（提唱者のネット上の掲示文）

これもやることはこれだけで、一見するとアメリカのフラッシュ・モブと同じ性質のもののようにも思える。だが、これらはいずれも、実は現代芸術とは異なる性質をもち、別の側面で「意味のある活動」といえる。

日本版フラッシュ・モブの意味＝動機１——コミュニケーションのネタとして「祭り」を起こす

日本版フラッシュ・モブの特徴のひとつは、〝匿名の人間間にコミュニケーションの契機を開く機能を果たしている〟ことだろう。「2ちゃんねる」上でこれらフラッシュ・モブについてのスレッドが発生すると、途端に板は活気づく。つまり、これにはネット上でのネタづくりといった側面がある。それがバカげたものであればあるほど、ネタとしてはより盛り上がる。フラッシュ・モブを起こす動機として、こういったことが明らかに期待されているフシがある。

①伊集院光のシミュレーションごっこ

タレントの伊集院光は二十年ほど前に、これと同様のイベントをラジオを通じておこなっている。伊集院は自らがパーソナリティを務めるニッポン放送の深夜番組『オールナイトニッポン』に「伊集院光の大予言」というコーナーを設けていた。このなかで伊集院は、自らの予言はノストラダムスよりも正確で百パーセント的中すると断言し、たとえば都内某所の自動販売機のジュースが○月×日△時にすべて売り切れているという予言をするのだが、実際、その時間に確認に行くと、確かにジュースはすべて売り切れている。そして、伊集院はやはり予言が当たったと番組で報告するのである。

なんのことはない。これは、この予言をラジオで聴いたリスナーが事前に当該の自販機に向かい、すべてのジュースを買い切ってしまうがために発生するヤラセにすぎない。まさにバカげた行為なのだが、リスナーたちが参加できる一種の出来レースを作り出すことで、伊集院の番組それ自体が盛り上がる。しかも視聴者がこのイベントに参加することで、匿名のリスナーたちによる共犯状況がつくりだされ、ラジオを通して擬似共同体的な意識が形成されるのだ。

伊集院よりも遡ることさらに二十年ほど前、一九七〇年代前半に、中野収と平野秀秋が、ラジオの深夜放送にはディスクジョッキーを介したリスナーたちの擬似共同体が存在すると指摘し、これを「円盤に乗ったコミューン」[1]と名づけている（円盤とはラジオのメタファー）。だが伊集院の場合はパーソナリティである本人以外をすべて完全に匿名化したところがこれとは違っていた。また、一九七〇年代前後、深夜放送で取り上げられたのは、いうなれば「青春の悩み」だった。しかしながら、八〇年代も終わりになると、取り上げられるのはそういったウエットな話題ではなく、まったくもってバカげたもの、単なるネタになった。そしてそこでリスナーたちが求めていたのは、匿名関係が取り結ぶ共同意識だった。しかも現在とは異なり、当時はラジオがまだまだメディアとしての記号性／権力をもつものとして若者たちに受け止められていた時代でもある。だから、ラジオ＝公共の場でちょっと遊ぶという行為は、当時のスノッブな感覚をもつ若者にとっては刺激的なものだったのだ。つまり、共同体的な意識から有名性／実名性を省き（＝匿名化）、かつコミュニケーションの題材として取り上げるものにプライベートな感覚が関与するもの（＝青春の悩みなど）を取り払い、ただ純粋にそこに集まっているということだけで共同性を獲得するという方法を、当時の若者たちは実践していたのである。

②完全に匿名化されたシミュレーションごっことしての日本版フラッシュ・モブ

この発展型が日本版フラッシュ・モブだろう。すでにラジオの権威は相対化され、伊集院のようなパーソナリティさえ存在しなくなり、コミュニティは完全に匿名化された。それによって、より純粋な共同性への欲望、ただつながっていること、一人ではないことを確認したいという欲求だけが抽出されることになった。

かつてこういった「群れる場」として機能していたラジオは、そうはいっても公共放送であるため、やりたくとも放送コードに引っかかるようなものは取り上げられることはなかった。またパーソナリティが主導権を握っていたことも、参加者の自由度を束縛していた。だが日本版フラッシュ・モブは、ただ集合し、バカげたパフォーマンスをおこない、それについて事前・事後にまったく匿名で、まったくリーダーなしに議論する。いや、議論というよりも単なる暇つぶし、話題の共有と消費、そういう性質のものなのである。

日本版フラッシュ・モブの意味＝動機2――「匿名」で社会に認められたい

もう一つの特徴は、〝社会を騒がすことに快感を覚える〟というものだ。

吉野家オフとマトリックス・オフ。どちらも、見知らぬ匿名の人間が一定の空間（吉野家新宿靖国通り店、渋谷交差点など）に現れて突然パフォーマンスをする。することはそれだけである。

しかし、これが異様な光景であることはフラッシュ・モブを見た人間誰もが感じるだろう。言い換えれば、フラッシュ・モブは、この第三者が感じ取る異様さを楽しんでしまっているのだ。しかも、それに参加しているのは全員見知らぬ匿名の個人である。

日本版フラッシュ・モブの参加者たちが求めているのは、この異様な騒ぎに周りがざわめくことである。しかも、自分の素性はわからない（吉野家オフの場合でも隣の席の人間を知らないし、ましてマトリックス・オフでは全員サングラスをしているので顔さえわからない）。つまり、このバカげた遊びによって社会を騒がし、しかもそのことの当事者でありながら、責任を負わないですむ。そして参加者たちは周囲の反応に思わずニンマリし、自分が社会を、ちょっぴりだが動かしたという自己陶酔に浸ることができるのだ。しかも、この騒ぎは現場だけで収束せず、ネタとして今度はネット上で続くのである。

日本版フラッシュ・モブはなぜこんなバカげた行為をしでかすのだろう。その理由は、おそらく自らが情報化社会の一ビットでしかないことを無意識のうちに自覚しているからではないだろうか。彼らはメディアが錯綜し、消費物が氾濫するなかで快適に暮らしてはいるが、反面、自らの存在根拠をそこに見つけられない。つまりほかの何かと交換可能な「一ビットな存在」でしかない。もちろん一ビットであることは、匿名な存在でもあり、表面的には何者にも行動や思想を規制されない自由な存在のため、いわば「しがらみ」はない。しかしながら、情報化と消費社会は人々が気づかないうちにシステムを形成し、一定の行動パターンを人々に強いるようになる。それは命令のかたちをとらないが、哲学者の東浩紀の言葉を借りれば「規律訓練型権力」と「環境管理型権力」であり、知らず知らずのうちに従わされていく。[2] 自動販売機へのコインの投入、ＩＤやパスワードの入力、マクドナルド化されたシステムへの順応、そしてメディアが流す情報に無抵抗に従う日々。それは自由なようでいて、実に不自由な生活だ。第一、自分は計量的に扱われているだけで、実質的には存在がないに等しい。そのことを彼らはそこはかとなく実感している。

だから、いたずらをしたくなるというわけだ。つまり、システムを少し脅かしてみたくなる。ただし、それによって責任が降りかかり、自らの自由が拘束されてしまっては困る。だからあくまで匿名のまま行動する方法を考える。その結果がフラッシュ・モブ的ないたずらとなるのだ。そうやって社会に一泡吹かせることで、社会をちょっと動かしてみせたという悦楽に浸ることができる。自分の力が社会に影響を与えたと感じることで、自分が社会に認められたと感じ、言い換えれば、その瞬間だけ社会の一ビットを脱したと実感できる。しかも匿名なので、その行為に問題があった場合でも責任を問われることはない。そのため実際に社会から個人として認められたことにはならないのだが、自分が社会を「いじった」こと、これだけは実感できる。そうすることでフラッシュ・モブに参加した人間は社会とのつながりをかろうじて保つことができるというわけだ。

そしてこれに満足すれば、彼らはまた情報化・消費化で埋め尽くされたシステム社会の羊＝情報化社会の家畜に戻っていく。いうなれば、これは情報社会システムのなかでのストレス発散法＝瞬間的な自由の獲得手段なのだ。

ただし、フラッシュ・モブはあくまでインターネット内の出来事でしかない。「2ちゃんねる」あるいは「2ちゃんねる」的なサイトにアクセスしている人間たちの間にしか出現しない、揮発的な疑似コミュニティなのである。一九七〇年代のラジオ深夜放送や八〇年代末の伊集院光のラジオ番組が果たしたのと同じ疑似共同体的機能を、純粋に情報消費的なテーマ＝「ネタ」に限定したうえでコミュニケーションの場としての「2ちゃんねる」がオタクたちに提供したということなのだ。「2ちゃんねる」とはそうしたニーズに見事に応えているサイトといえるだろう。「ネットにおける便所の落書き」などとしばしば呼ばれる「2ちゃんねる」だが、その開設者である「ひろゆき」こと西村博之(二〇〇七年にはユーザーがコメントを投稿できる動画配信サイト「ニコニコ動画」を開設)は、2ちゃんねらーが「2ちゃんねる」にアクセスするのは「単なる暇つぶし」だと言い切っている。開設者が最も冷静かつ適切にこうしたサイトの機能を認識しているといえるだろう。要するに、「2ちゃんねる」上の「祭り」とは日本版フラッシュ・モブの一種といえる。

ちなみに「祭り」と似たものに「ブログ炎上」がある。これはすでによく知られているが、一個人のブログが政治的な発言などをきっかけに誹謗中傷のコメントが集中し、サイトがパンクするか閉鎖に追い込まれるというものである。ブログの主催者のちょっとした発言へのコメントやクレームから始まり、それがやがて雪ダルマ式に膨れ上がり、次から次へと非難の書き込みがされるようになる。誹謗中傷のコメントが次第に過激になっていくにつれて、単なる弱い者イジメのような状態になっていく。つまり議論は議題をはずれて、最終的にはブログの主催者に向けた個人的な誹謗中傷になってしまうのだ。場合によってはブログ主のプライバシーが暴露されることまで起きる。似たようなものとして「荒らし」があるが、こちらは確信犯としてのサイトやブログの妨害であるのに対して、「炎上」の場合は結果として炎上するというかたちになる。ここには「祭り」と同じメカニズムがはたらいているといえる。匿名性がもたらす欲望に忠実な暴力なのだ。

こういった日本版フラッシュ・モブによる「祭り」という現象は、現代人の思考・行動様式を象徴する社会現象だと僕は考える。言い換えれば「2ちゃんねる」を典型とするインターネットの特性がこういった行動パターンを形成したわけではない。要は情報行動様式、コミュニケーション様式が、情報化・消費社会化の進展に伴って変容したということがまずあり、その反映として「2ちゃんねる」で「祭り」が発生したのである（もちろんネットや「2ちゃんねる」はこういった変容に影響を与えた一要因であることは間違いないが）。また、そのなかでテレビの力が肥大化したともとらえられる[3]（テレビというメディア自体もある意味では弱体化している部分もあるのだが、この詳細については第7章で展開する）。

4　「お祭り党」は日本版フラッシュ・モブの巨大版

「2ちゃんねる」上で発生する「祭り」やフラッシュ・モブはなにもオタクたちに特有の現象ではない。社会一般にも広範囲なレベルで発生している。それが「お祭り」であり「お祭り党」である。そのため「お祭り」と「お祭り党」、「祭り」と日本版フラッシュ・モブ、これらはともに「メディア空間」（＝われわれの周辺のすべてを取り囲むメディア環境。詳細は第4章に譲る）の変化が生んだ人々の思考・行動様式の変容を象徴するものだ。

両者の違いは「祭り」――フラッシュ・モブがインターネット内の、主としてオタクたちの間で発生する現象なのに対して、「お祭り」――「お祭り党」はより大規模な社会現象として出現することである。後者はオタクたちに特有の現象ではない。言い換えれば、「お祭り」は「2ちゃんねる」で「祭り」と呼ばれるものの拡大版なのである。そして「祭り」と同様の原理に基づく「お祭り」は、すでにさまざまな分野で発生している。当然のことながら、現代人の思考・行動様式を考察するにあたっては、規模がはるかに大きい「お祭り」に注目するのが適切だろう。

両者は基本的に同じ構造をもっている。だから日本版フラッシュ・モブ現象のうち大規模なものが「お祭り党」による、ややもすると社会を揺るがしかねない「お祭り」なのである。たとえば、小泉劇場である。これを起こしたのは無党派層といわれるが、実は無党派層（＝特別の政党を支持はしていないが政治には関心がある人々）ではなく、むしろ「お祭り党」（＝政治には関心がないが騒ぎを起こしたい人々）が起こしたものだろう。いわゆる「無党派層」に政治的理念があると思うのは一部の層を除いて現実的ではない。小泉元首相を支持した人々の動機は「何か面白いことはないか」である。つまり小泉劇場は、フラッシュ・モブの拡大版である「お祭り党」によって起こされたいたずらなのだ。

「お祭り党」は党といっても組織ではない。それはむしろ、完全に匿名の人間たちによる組織化されえない集団だ。しかもその姿を見ることはできない。そして「お祭り党」は小泉劇場のような政治的事象にだけその影響力を行使するわけではない。それはあらゆる場面に出現し、いたずらをする。ライブドア元社長・堀江貴文への礼賛とバッシング、ドイツ・ワールドカップサッカー日本チームへの熱狂、嫌韓、嫌中、イラク人質事件での「自己責任」論と人質バッシング、新庄劇場、アルコール自粛ブーム、イジメ撲滅キャンペーンなどがそうだし、ビリーズブートキャンプの大ヒット、朝バナナダイエットの突然のブレークといったたわいのないものも含まれる。さまざまなシーンで、知らず知らずのうちに「お祭り党」は「結成」される。ただし、目的は「お祭り」を起こすことで、匿名の主催者（誰かはまったくわからない）として行使した自らの力が社会を動かしたことを実感することにしかない。逆にいえば、これが満たされれば、「お祭り党」はたちまち自然解散する。前章で取り上げた東国原劇場も「お祭り党」のしわざであることは、もはやいうまでもないだろう。

「お祭り党」が「お祭り」のきっかけ＝トリガーにするのはメディア情報である。「お祭り党」を結成する人々は、メディアの記号性が高い情報に飛びつくのだ。このことは、先にあげた「お祭り」がすべてメディアがらみであることを踏まえれば明白だろう。そして、その際のメディアの中心はいうまでもなくテレビである。つまり、うまくメディア＝テレビを操り、自分に都合がいいように「お祭り」に火をつけることができた者が、この「お祭り党」の総裁として君臨する、あるいは祭り上げられることになる。ここでは、この総裁を担う能力がある者を「メディアの魔術師」と呼ぼう。

具体的に、メディアの魔術師の例をいくつかあげてみる。まずは長嶋茂雄である。一言発言しただけで「お祭り」が起きる。ほかには堀江貴文ことホリエモン、小泉純一郎、そして新庄剛志である。各人の違いは、いうなればその魔術が白魔術か黒魔術かだ。長嶋と新庄は白魔術、小泉は黒魔術、ホリエモンはどちらでもなく、強いていえば「灰色魔術」といったところか。また、本人主導の確信犯的魔術師か、メディアが勝手に魔術師に祭り上げたのかでも、微妙に違っている。本人主導は小泉と新庄で、メディア主導は長嶋、その中間形態がホリエモンだろう。

前章で分析したそのまんま東もまた魔術師として「お祭り党」の総裁に上り詰めることに成功した。中央でも地方でも、東を取り囲んでメディアが大騒ぎをし、それが県知事選での圧勝につながったのだ。ちなみに「お祭り党」には若年層が多いと思われがちだが、必ずしもそうではない。宮崎県知事選の場合でも、出口調査の結果をみると六十代以外はすべてそのまんま東を支持していたのは、前述のとおりである。これは二〇〇五年の「郵政選挙」でも支持層の世代別分布は同様だった。「お祭り党」員は全世代にわたっているのである。

5 「お祭り党」からみた二〇〇七年統一地方選と参院選

さて、冒頭の二〇〇七年参院選の話に戻ろう。この選挙では自民党の敗北が予想された。「お祭り党」が立ち上がるような要素（詳細は第3章に譲る）を安倍晋三首相と安倍政権は備えていなかったからだ。浮動票層が動かないので自民党は三年前の参議院選と同程度に議席を減らすと思われていた。ところが、ふたを開けてみれば予想以上の歴史的惨敗と呼ばれるほどの負けっぷりとなってしまった。なぜなのだろうか。実はこれもまた「お祭り党」のしわざだったのだ。だが小泉純一郎のような扇動者＝メディアの魔術師は存在しなかったのに、なぜこんなことが起きたのか。それは、これが「魔術師不在のお祭り」だったからだ。そして、これを扇動したのがテレビだった。それはさながら「祭り」の一種である「ブログ炎上」のような様相を呈した。つまりこれは「お祭り」というより「安倍政権炎上」だったのである。このように考えると「お祭り」にはいくつかのパターンがあることが見えてくる。そこで次章では、「お祭り」のメカニズムについて具体的にみていこう。

注

(1) 中野収/平野秀秋『円盤に乗ったコミューン――コラージュ・現代文化』光風社書店、一九七七年
(2) ジョージ・リッツァ『マクドナルド化する社会』正岡寛司監訳、早稲田大学出版部、一九九九年
(3) 「2ちゃんねる」上では、これまでいくつか有名な「祭り」が起きているので参考までに紹介しておきたい。①千羽鶴グダグダ言わずにとにかく折れ……折り鶴オフ十四万羽プロジェクト:関西学院大学の学生が広島平和公園の折り鶴を燃やしてしまったことを発端に、ネット上で折り鶴のプロジェクトが組まれ、あっという間に八十三万羽の折り鶴が集まってしまった。集めたのはいいのだが、原爆記念日当日、会場で達成を記念して胴上げをしてしまい顰蹙を買った。②電車男:電車男という匿名の人物が「2ちゃんねる」上で2ちゃんねらーに恋愛指南を求め、それに応じて次々と2ちゃんねらーが相手の女性(通称エルメス)を口説き落とす方法を提示。最終的に恋が実っていった。これがのちに書籍化された後、テレビ化・映画化され大ヒットしたことは記憶に新しい。③のまネコ騒動:「2ちゃんねる」のキャラクターであるモナーに酷似したキャラクターをエイベックスがルーマニアの音楽ユニットO-Zoneの曲「恋のマイアヒ」のビデオクリップ(本来は個人サイトでフラッシュアニメとして作られたものをエイベックスが修正して採用した)に「のまネコ」として登場させ、なお

かつ、これに著作権を登録したために2ちゃんねらーが激怒。エイベックスのサイトが荒らし（サイト運営の妨害）に遭った。

第3章　「お祭り党」の表層構造

1　「お祭り」発生の二つの条件——「メディアの魔術師」と「メディア・イベント」

「お祭り」そして「お祭り党」とはどのようなものか、その構造についてみていこう。これらの現象が発生する必要条件となるのは「メディアの魔術師の存在」であり、十分条件となるのは「メディア・イベントの発生」である。まず、メディアの魔術師とは、何らかのかたちでメディアを操り、「お祭り」を発生させるきっかけとなる存在・事象を指す。これにはさらに二つのカテゴリーがある。一つは「カリスマ系＝実在するメディアの魔術師」だ。たとえば小泉純一郎、新庄剛志、長嶋茂雄、堀江貴文、そして第1章で取り上げたそのまんま東／東国原英夫宮崎県知事といった人物＝キャラクターを指している。こうした人物を中心に発生する「お祭り」を「カリスマ系＝メディアの魔術師型」と呼ぶことにしよう。

もう一つは、メディアでヘゲモニー（趨勢）を握ったディスクールが「お祭り」を発生させる場合である。この場合には特定の人物が「お祭り」の契機を開くのではなく、むしろさまざまな事件や出来事・キャンペーンを中心に「お祭り」が発生する。これらが前記のメディアの魔術師と同様の機能を果たすのだ。たとえば二〇〇六年に注目されたイジメ撲滅キャンペーン、ドイツ・ワールドカップサッカーの熱狂、アルコール自粛ブーム、ここ数年続くタバコ追放運動、二〇〇七年参院選での安倍自民党の歴史的惨敗、そして〇九年の新型インフルエンザへの過剰な反応などがこれに該当する。カリスマ不在だが不特定多数の要因によって、結果としてテレビを中心に「お祭り」が起こるという意味で、このタイプを「メディア・システム系＝メディア・ディスクール媒介型」と呼ぶことにしよう。

一方、十分条件となるのはメディア・イベントの発生である。つまり前記のメディアの魔術師型とディスクール型の「お祭り」をめぐって、メディアによって事件が形成されていく。メディア・イベント（あるいは擬似イベント）という用語はダニエル・ブーアスティンによる造語[1]であり、いくつかの定義があるが、ここでは「メディアが事件を連続的に報道することによってイベント＝出来事になっていく」という意味で用いる。つまり、実際に事実が起きていようがいまいが、メディアが頻繁に取り上げつづけると、それが事実化してしまうという意味である。

現代でメディア・イベント発生に最も大きな力を発揮するのが、テレビだ。テレビは主役となるべきもの（キャラクターやディスクール）をデフォルメして省略することで、神話化を図る。たとえば二〇〇六年夏の全国高校野球選手権大会で優勝した斎藤佑樹投手に「ハンカチ王子」というコピーを冠し、ハンカチから想起される清潔な印象をデフォルメすると同時に、そのイメージにふさわしくない部分は省略した。これを頻繁に報道することで、オーディエンスは斎藤佑樹という存在を容易に受容できるようになる。斎藤選手はカリスマ的な機能を発揮しはじめ、それが「ハンカチ王子」という社会的なイベントへと展開していった。これがメディア・イベント的な有名人化である。

テレビ・メディアはこうした場合、自ら勝手にカリスマ的存在を中心にシナリオを書きはじめる。それは確信犯的なときもあれば、メディア自身も気がつかないうちにシナリオを書いているときもある。メディアがシナリオを書くとき、そこにはたらく権力は、視聴率や販売部数、また政治的な力である。ただし背後にこういったイベントを発生させる一元的で強大な権力が存在するという「陰謀論」的な考え方はしないでほしい。詳細は第7章で述べるが、テレビ・メディアの送り手側はさしたる主体性などもちえない。メディア・イベントが実質的にイベント化するのは、あくまで重層決定、つまりさまざまな要因が相乗効果としてはたらくことによる。テレビ局だけがメディア・イベント的振る舞いをしたところでそう簡単にメディア・イベントが発生するわけではない（たとえば二〇〇八年に三谷幸喜監督の映画『ザ・マジックアワー』の公開に向けて、フジサンケイグループによる大々的なメディア・イベント化がおこなわれた。三谷は公開前の数週間フジテレビを中心にメディアに露出しつづけ、また映画に関連するパンがコンビニエンスストアのファミリーマートで販売されるなどのキャンペーンがおこなわれたのだが、さしたる興行収入にはつながらなかった）。ただしテレビの力は強大で、各テレビ局がいっせいにある人物や出来事を取り上げると、それはしばしばメディア・イベント化する。そのため、前記二つの条件をもう少し厳密に説明すれば、「メディアの魔術師の振る舞いに対して、複数のメディア、とりわけ複数の中央テレビ局がこぞってスパイラル的に

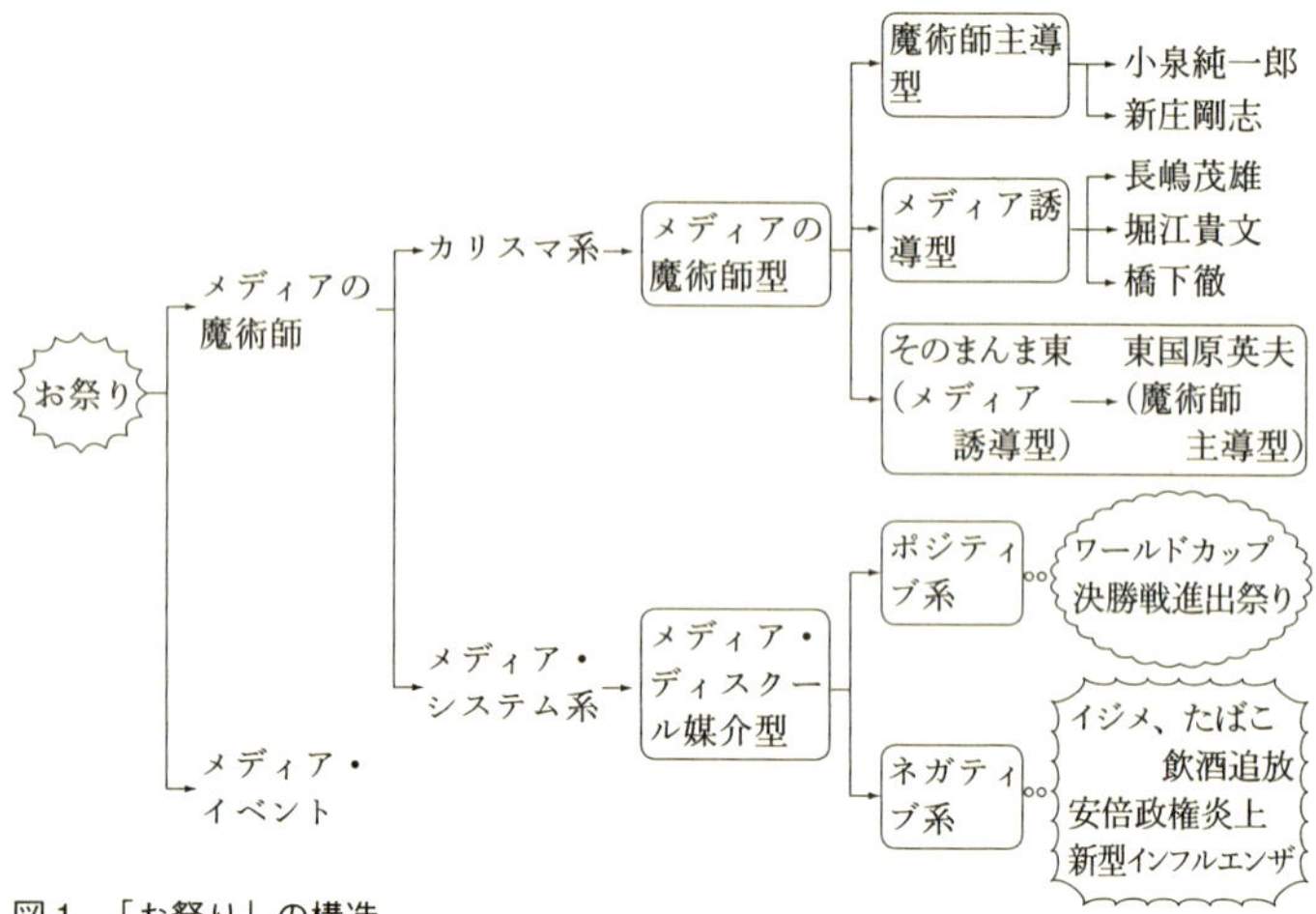

図1　「お祭り」の構造

これを取り上げ、インターネットなどの他メディアがこれに追随すると「お祭りは発生する」ということになる。

2　カリスマ系＝メディアの魔術師

「メディアの魔術師」の二つのパターン

次にメディアの魔術師とメディアの関係を詳しくみていこう。まずはメディアの魔術師が現実に存在するパターン、すなわちカリスマ系についてだが、これも「メディアの魔術師主導型」（以下、魔術師主導型と略記）と「メディア誘導型」に分けられる。前者の典型は小泉純一郎と新庄剛志であり、後者は長嶋茂雄と堀江貴文だ。

メディアの魔術師主導型

魔術師主導型は、カリスマが自らメディアをコントロールする。このとき、カリスマはメディアよりもしばしば優位に立つ。小泉純一郎は郵政民営化を軸とする構造改革、北朝鮮の拉致問題、靖国参拝問題で陣頭指揮をとりながら、メディアを縦横無尽に操った。一方、新庄剛志も同様である。引退宣言で社会の注目を集め、所属する北海道日本ハムファイターズを日本一にまで導いてしまった。新庄もまたメディアを巧みに操作していた。これら本人主導型のメディアの魔術師には以下の共通する特徴がある。

①ワンフレーズ・ポリティクス

まず徹底してテレビを重視することである。その一方で、テレビ以外のマスメディアはほとんど相手にしない。もっぱらテレビを利用してメディア（＝テレビ）の向こう側の視聴者に直接話しかけるのである。とりわけ生放送が重視される。その際には、細かい説明は一切なしでたった一言で話をまとめ、テレビを仕切ってしまう。さらに映像を重視し、カメラの前でパフォーマンスをおこなう。生放送ではテレビは発言を吟味する機会を失い、さらに編集もできないため、完全にコントロール下に置かれてしまう。このとき、テレビはカリスマの御用機関と化すのである。一方、新聞はほとんど相手にしない。その理由は、新聞の場合はテレビの生放送とは異なり、カリスマに編集権がないためだ。つまり、新聞の場合は報道意図に従って記事が書かれるため、メディアを使って人々をコントロールしたいカリスマ＝魔術師にとっては不都合なのだ。だから極力相手にしないし、リップサービスもしない。むしろ黙っている方が情報を与えない分だけ、新聞に好き勝手なことを書かせないためには好都合と考えるのだ。

ちなみに、メディアの魔術師によるテレビの利用について、新聞は従来批判を展開していた。新聞は活字媒体なので、メディアの魔術師の術中にはまりにくいというアドバンテージをもっている。いうなれば、ジャーナリズムが健在な場所でもある。しかしながら、いまやメディアの権力のヘゲモニーを握っているのは、テレビである。新聞はもはや力としては弱い。情報メディアとしてのインターネットに押されて発行部数も落ちていて、メディアとしては弱い立場に置かれつつある。テレビの力は強大で、それを利用する者の力はさらに強大だ。本人主導型メディアの魔術師は、この状況を熟知しており、それゆえテレビを操ろうとするのである（だからこそ新聞などには目もくれないどころか、無視さえするのだ）。

テレビを操る際の最大の武器が、現実の複雑性を縮減する「ワンフレーズ」にほかならない。本人が一言、テレビカメラ越しに直接オーディエンスに語りかければ、複雑な問題も一気に単純化し、解決してしまう。こうしたワンフレーズ・ポリティクスの力は、オーディエンスを説き伏せるうえでは実に強力なのである。なぜならオーディエンスはそれを理解するのに苦労する必要がないからだ。

②コピーライター的才能

ただし、ワンフレーズは、いうなれば「イケて」いなければならない。問題の核心を突いて（あるいは突いているように見せ）、ズバッと短い言葉で表現する必要がある。わかりづらい抽象的な表現は御法度である。たとえば安倍晋三元首相が掲げていたような「美しい国」などは、何を示しているかハッキリしないので、効果がない。むしろ小泉元首相が二〇〇五年の衆院選で打ち出したような「郵政民営化は改革の本丸」などが、ハッキリしていていい。ハッキリしていると、説得力がでてくるからだ。実はこれも目標を明確にしただけで、なぜそうなのかという具体的理由については一切説明していない。だが、たとえ中身がなくても、それなりに「明確に」一般に聞こえさえすれば、それが正論のように思えてくるものなのだ。言い換えれば、ここでは「単純明瞭さ」が「正鵠を射ていること」にすり替えられるという詐術がおこなわれているのである。

また、話が長くなったときにもこのコピーライター的才能は重要な役割を果たす。ポイントだけは常にキャッチコピー＝ワンフレーズでまとめるため、テレビがインタビューや記者会見を編集したとしても（ビデオ収録の場合、編集権がテレビ局に委ねられる）、耳障りがよく、一言でまとめている部分、つまりワンフレーズの部分だけは必ず放送されるからだ。視聴率こそがすべてのテレビでは、これは致し方ないのかもしれないが、結局はカリスマが意図したとおりに、彼にとって都合のいいワンフレーズを放送に使ってしまうのである。

単純明快なコピーでオーディエンスもメディアも巧みに操ることこそ、メディアの魔術師がもつ力の真骨頂といえるだろう。

③確信犯

そして、さらにこうしたワンフレーズ＝コピーはすべて「言い切り」である。つまり、言い訳をしない、誤解を恐れない、ブレがない、といった印象を与える。自分がカリスマであることを自覚したうえで、そのことを対象化しながら利用しているのだ。ブレがないという点は重要だ。正しいかどうかにかかわらず、揺るぎない方針をもっていることを示すパフォーマンスは効果的だからだ。実際には方針が頻繁に変わっているにもかかわらず、確信に満ちた表情でテレビに向かってワンフレーズで自分の方針を表現することができれば、オーディエンスには、あたかもそれが壮大なビジョンに裏打ちされたもののようにみえる。例えるなら、地下道で火災が発生し、多くの人がパニックに陥ったとき、誰かが自信をもって「出口はあっちだ」と指さしたなら、人々は思わずその方向へと走りだすだろう。実はその方向が間違っていて、全員が煙に巻かれて命を落としたとしても、その場では人は「根拠なき自信」に基づくパフォーマンスを信じてしまうのだ。

ちなみに、これと好対照をなす政治家は麻生太郎だろう。ワンフレーズを決めてみせるものの、常にブレているので（発言や態度をコロコロと変化させてしまう）、明瞭さがかえって不信感を抱かせ、支持率の急激な低下を招いてしまったのである。

④テレビへの頻繁な露出

テレビへの露出も極めて重要である。とにかくテレビに頻繁に登場し、自信をもってワンフレーズを言いつづける。すると、オーディエンスの側もこのワンフレーズを聞くのが日課になってくる。そのうちにワンフレーズの内容より、毎日テレビで目にすること自体が視聴者にとっては重要になってくるのだ。つまり、国民＝視聴者に向かって毎日語りかける「エラいオジサン」というイメージができあがり、視聴者の側はメディアの魔術師に「隣のおじさん」にも似た親近感を覚えはじめるのである。テレビに出演しつづけることによってメッセージの内容よりも、本人が登場するということが視聴者に関心を惹起し、さらに親密性を与えてしまうわけで、これが支持につながっていく。まさにメディアのメッセージ性を巧妙に利用しているのだ。[2]

以下では、魔術師主導型の具体的な手法を、小泉純一郎元首相、新庄剛志元日本ハムファイターズ選手を例にみていこう。

小泉政治のワンフレーズ・ポリティクス

小泉純一郎については、すでに多くの論者たちがその手法の巧妙さについて論じている。そこで、ここでは小泉のメディア利用の具体例として、二〇〇五年の「郵政選挙」の戦術に限定して言及したい。とりわけここでは、テレビで放送された政見放送に注目する。これを当時民主党党首だった岡田克也と比較してみよう。

①二者択一のメカニズム

小泉の戦略の巧みさは、メディアを通じたパフォーマンスによって政治のアジェンダ(議題)をそらしてしまうことにあった。そのやり方は「二択方式」にある。つまり○か×かに議論の方向を限定させてしまい、その選択だけに有権者の関心を向け、議論の中身を吟味させないというやり方だ。

二〇〇五年の衆院選当時、小泉は、選挙の争点をたった一つに絞り込んでしまった。それは「郵政民営化に反対ですか? 賛成ですか?」というものだった。この絞り込みのおかげで二つの論点が曖昧になる。一つは、郵政民営化以外に小泉が提唱していた「行政改革」である。郵政民営化に焦点が当てられることで、ほかの問題への関心がそらされてしまったのだ。デフォルメとしての郵政民営化、省略としてのそれ以外の構造改革という構図である。そして有権者には郵政民営化=行政改革という図式が構築され、民営化はあたかも小泉が提唱していた改革すべての実現を意味するように思い込ませたのである。実はこれが巧妙な隠蔽で、退陣後に「格差社会の出現」という改革のツケが国民に回ってきたことは、現在われわれが実感しているところである。

曖昧になったもう一つの点は、郵政民営化それ自体の内容＝論点である。「民営化に賛成？ 反対？」という選択肢だけがクローズアップされることで、民営化の中身＝内容それ自体が焦点からはずされたのだ。子どもにくじ引きごっこをやらせるとしよう。くじのなかに入れるのは「当たり」と「はずれ」だが、これはあくまで「ごっこ」なので、当たりくじを引いたところで賞品がもらえるわけではない。それでも、子どもは「当たり」という結果が欲しくてくじを引く。このとき、子どもは「くじ引き」というゲームそれ自体を楽しんでいるわけだが、まさにこの子どもと同じような状態に有権者は追い込まれたのだ。つまり賛成か反対かを答えること自体が目的のゲームをやらされた。だが、当たりの商品、つまり郵政民営化の中身については決して言及されない。だから肝心の民営化の内実がこの二者択一ゲームに「食われた」状態になり、わからないままだった。ただし有権者＝子どもは「くじ引きゲーム」に夢中なので、そのことには気づかない。

②勧善懲悪時代劇の演出

さらに、この演出を徹底化し、「賛成への投票」を「当たりくじ」と思わせるために、わかりやすいフレーム＝物語を設定する。郵政民営化に反対する議員には自民党公認を与えず「抵抗勢力」というレッテルを貼ったのである。さらに彼らの対抗馬として同一選挙区に、党公認を与えた候補を送り込む。これで選挙は一挙に勧善懲悪時代劇『水戸黄門』の物語性を帯びたのである。ご老公

（小泉）、助さん格さん（武部勤幹事長〔当時〕などの閣僚）、お銀（小池百合子、片山さつきなど）に対し、悪役の越後屋や悪代官（反対票を投じた亀井静香などの元自民党員。野田聖子などはさしずめ悪女だろうか）。要するに、わかりやすく、おなじみの図式に当てはめることで、選挙を単純化してしまったのだ。このわかりやすい図式にさらに演出を施したのがテレビだった。これをさらにデフォルメすれば、視聴率が稼げることは明白。そこで、「抵抗勢力」に対抗する候補を「刺客」、さらに堀江貴文のように、本来その選挙区の人間ではないものの、知名度を武器に「抵抗勢力」の選挙区に送り込まれた候補を「落下傘候補」（このとき、堀江と戦ったのは郵政民営化反対の急先鋒である亀井静香だった）、女性候補を「くの一候補」と呼び、ニュースや報道番組以外のワイドショーでも、選挙特集を組んでいった。こうして、郵政選挙は勧善懲悪時代劇に仕立てられ、小泉＝善玉、抵抗勢力＝悪玉というスペクタクルができあがっていったのだ。テレビも視聴者も小泉にまんまと乗せられてしまったのである。

③視聴者参加方式

しかも、小泉劇場のすごい点は〝視聴者参加方式〟ともいうべき感覚があったところだ。つまり、投票という行動に加わることで、有権者の選択が実際に実現するかのように感じさせるのである。「あなたが自民党に投票し、それによって自民党が勝利すれば、郵政民営化は必ず実行されますよ。そうなったら、それはあなたの投票のおかげですよ」。こう呼びかけられたとき、投票に行く人間は郵政民営化の内実などより、この「力の現ナマ」に魅力を感じるような仕組みになっているのだ。つまり参加すれば自分の力を行使し、社会に対して自分が影響力をもっていることを直接感じることができるのだ。こうなると、面白いので「投票に行ってやろう」ということになる。だからこのとき投票率は一〇ポイント近く上昇した。投票数日前、僕が地下鉄東西線浦安駅近くのスターバックスで目にした光景だが、政治のことなんかこれっぽっちも関心がなさそうな若者たちが「おい、ところで投票、いつごろ行こうか」と相談していた。そんな光景はいままで見たこともなかったし、学生が政治の話をするのも聞いたことがなかったので、これは驚きだった。おそらく、みんな「実録水戸黄門」見たさに、しかも自分もこの勧善懲悪時代劇に参加できるということに、ワクワクしていた。くじ引きごっこで「当たり」くじを引いてやろうというゲーム感覚だったのだ。もちろん賞品はないのだが、そんなことはもはやどうでもよくなっていた。

④小泉劇場と吉野家オフやマトリックス・オフとの共通性

これは「吉野家オフ」「マトリックス・オフ」とまったく同じ図式である。要するに、小泉は全国規模の日本版フラッシュ・モブ、つまり「お祭り党」を作り上げる技術をもっていた、たぐいまれなる「政治的手腕」(政治の内実ではなく、政治戦術の点での)を備えた「名宰相」。国民を「お祭り党」化することで「郵政選挙」という「お祭り」を開催し、膨大な数の無党派層の取り込みに成功したのだ。「無党派層は宝の山だ」と小泉は発言していたが、まさに彼は宝の山を掘り当てた。しかも、これまでの政治キャンペーンとはまったく違うやり方によって。そう、無党派層こそ小泉の「お祭り党」だったのだ。

⑤民主党党首・岡田克也——メディアの魔術師の才能がない例

一方、このときマヌケだったのは民主党だ。もっぱら政治の中身で勝負しようとしたからだ。しかも政見放送もお粗末きわまりないものだった。岡田克也と元タレントで現在同党参議院議員の蓮舫が対談形式で進めるその政権放送は、いきなり岡田の家族の話から始まり、しかもその話を、話しかける蓮舫にではなくテレビカメラに向かってしゃべるという、ウソくさい演出によるものだった。プライベートな話なのに脚本棒読み口調というのは、テレビ・リテラシー的にみても、マヌケ以外の何物でもない。そんなものに大衆は興味など示すわけはないのだ。民主党の政見放送はメディアの利用に失敗したといえる。

一方、小泉は真正面からカメラを睨み付け、原稿に目を落とすことなく（おそらくプロンプターがあったのだろうが）「郵政民営化は改革の本丸」とだけ言い、それ以外の政治項目には一切触れなかった。ワンフレーズによる卓越したキャッチコピー、そしてブレない姿勢。「お祭り党」が「燃える」、あるいは「萌える」には一分の名演技だった。有権者にとってそれこそが、いつもテレビで見て親近感のある、それでいてハッキリものを言う、頼りがいのある「純ちゃん」だったのだ。

⑥そして「お祭り党」は解散・消滅した

選挙は案の定、自民党の大勝に終わった。小泉の支持率は上がり、郵政民営化法案は可決された。この驚異的な大勝利に、マスコミは一転してこれを懸念する報道を流すようになる。ファシズム化するのではないか、国民は愚民だ、一党独裁、小泉ヒトラーは好き勝手なことをやるのではないか……。ご心配なく、これは「お祭り党」のいたずらだったのだから。選挙後、しばらくして政党支持率の調査があった。すると、すべての党の支持率が下がっていた。では、どこが上がったのか。いうまでもなく、それは「支持政党なし」、つまり無党派層である。しかも一〇ポイント近くも。

この一〇ポイント分こそ「お祭り党」の存在を示すものだ。「郵政民営化祭り」が終わったので、「お祭り党」は解散（解体・散会・消滅）したのだ。彼らは御輿を担いで「お祭り」を楽しんだだけで、自民党を支持したのでも政治を真剣に考えたのでもなかった。御輿の上でうちわを煽る小泉に乗せられただけだ。だから、この一〇ポイント分の投票者は政治的に右傾化したり、自民党支持に回ったりすることはない。「祭り」は終わったと、それぞれ家路についた。つまり非日常から日常へ戻っていったのである。だが、これでうまい汁を吸ったのが小泉だったことは、いうまでもないだろう。結局、政治と関係のないところで票を集める方法を、小泉は考案したということになる。小泉はマスメディアも民主党も、ついでに自民党までも利用しつくしたのである。

郵政選挙の際に小泉がやったこととは、内容よりも形式を重視して「お祭り」を起こしたことだった。プロレスの表現を借りれば「リング内のファイト」ではなく「場外乱闘」で勝利したということになる。つまり政治というルールによってではなく、政治的なパフォーマンスによって、無党派層をその場限りで取り込んでしまったのだ。ちょっと表現はよくないが、「火事場泥棒」的なやり方といえないこともない。内実よりもメディア性を武器にした小泉の圧倒的な勝利だったのが、二〇〇五年の郵政選挙だったのである。

新庄剛志の引退を逆手にとった壮大な「お祭り」

①四月早々の引退宣言というスタンドプレー

二〇〇六年、日本ハムファイターズの選手だった新庄剛志は、四月十八日というペナントレース開始早々に、引退を表明してしまう。通常、プロ野球選手の引退表明は、シーズン末、レギュラークラスの選手ともなれば、全スケジュールが終了した後というのが一般的だ。ところが新庄は、通常よりかなり早い時期にこれをやってしまったのだ。まだ三十四歳で、さして体力的に衰えたようにも思えない。だが新庄はこれまでも突然引退宣言をしたり、アメリカ大リーグに挑戦したり、オールスター戦でホームスチールを敢行したり、試合前にかぶり物をかぶって練習したりと、常にプロ野球界に話題を提供しつづけた人気者だった。本人も言うように「イチローは記録、自分は記憶に残る」存在だというのは確かにそうである。

そんな選手がこのタイミングで引退宣言などすれば、最後の勇姿見たさに連日ファンが球場へ押し寄せ、残り試合すべてが引退セレモニーになることは確実だった。事実、この年、ペナントレースは新庄を中心に展開する。

新庄の生涯打率は二割五分三厘で、いうなれば、さしたる実績もない「並」の選手である。そんな実績のない選手がパフォーマンスをすれば、普通なら実力に不釣り合いで「あざとい」と非難されるのがオチだろう。だが新庄への支持は、パフォーマンスを繰り返すたびに高まっていった。それは新庄がメディアを操ることで、自らを実際以上に見せることに長けた「メディアの魔術師」だったからだ。新庄は、「本人主導型メディアの魔術師」の素質のすべてを備えていたのである。

②パフォーマンスでチームを日本一に

引退宣言以前からおこなっていたことではあるが、新庄は自分が打ったホームランすべてに打法の名を冠してメディアに紹介していた。引退宣言の際もホームランを打ったが、それにも「二十八年間思う存分野球を楽しんだぜ。今年でユニフォームを脱ぎます打法」と命名し、その直後にヒーローインタビューで引退宣言をおこなっている。すると、その後、テレビを中心とするメディアは、ホームランのたびにそれが何という打法かを紹介するようになった。新庄もメディアの期待に応じてさまざまなパフォーマンスを続け、これをメディアは逐一報道した。さらに試合前に阪神タイガース時代の63の背番号をつけて練習したり、阪神戦の練習にタイガースの縦縞のユニフォームを着てみせたりと、一連の引退セレモニーをほぼ毎試合続けていった。その間、新庄が引退を覆す様子を見せることは一切なかった。そして、それが新庄という存在にいっそう注目を集めることになった。

　これらの新庄のメディアを巻き込んだパフォーマンスは、いわゆる新庄劇場を作り上げていく。札幌ドームへの入場者数は記録破りとなり、不景気のどん底であえぐ北海道民の士気を大いに盛り上げ、さらには全国的な現象になっていった。しかも日本ハムファイターズはリーグ優勝を遂げて日本シリーズに進出。ついには二十四年ぶりの日本一を勝ち取ってしまったのだ。

③敵チームのキャッチャーがバッターに球種を教えた！

　このとき、新庄劇場という「お祭り」に、いかにメディアも日本国民も踊らされていたかを象徴するのが、日本シリーズ最終戦となった第五戦で起きたある出来事だ。場所は札幌ドームだった。この時点で日本ハムは三勝一敗で優勝まであと一勝というところにきていた。八回裏、日ハム二点リードの状況で同チーム稲葉篤紀がホームランを打ち、三対〇とダメ押しの追加点を入れる。次のバッターは新庄だった。しかし、このまま勝ってしまえば、当然のことながらこの打席は、新庄にとって選手生活最後の打席となる。そのことを観客もテレビの実況も知っており、もはや日本シリーズ優勝よりも新庄引退が決定する最終打席という意味合いの方が、はるかに勝っていた。もちろん新庄自身も承知していて、感極まって涙が止まらず、ボールが見えない状態になっていた。

そのとき、対戦相手のキャッチャーである中日ドラゴンズの谷繁元信捕手が新庄に一言つぶやいた。

「泣くな、まっすぐでいくから」

そして代わったピッチャーの中里篤史はすべて直球を投げ、新庄は三球三振に倒れた。すると、球場の観客は新庄をスタンディング・オベーションでたたえた。単なる三球三振が、このシリーズ最大の見どころになってしまったのである。

この話は、しばしば感動の場面としてメディアでも取り上げられた。新庄というカリスマに日本中が酔ったというわけだ。しかし冷静に考えてみれば、これはとんでもない話で、野球のルールを逸脱していて「厳罰もの」の行為である。

問題は中日の谷繁である。対戦相手の捕手が敵チームのバッターに球種を教える、しかもすべてというのは、八百長といわれても仕方がない、とんでもない行為だ。しかも、得点差は三点で、中日はまだ九回の攻撃を控えており、逆転の可能性は十分考えられたのだ。つまり、この時点でまだ日本シリーズの決着はついていない。谷繁のこの行為は、まるでオールスターゲームかエキシビションゲームのときのような感覚といわなければならない。新庄が三球三振したからいいものの、本来ならばそれでも懲罰ものだ。万が一、ここで新庄がホームランを打っていたら大変なことになったはずだ。

④日本人全員をペテンにかけた新庄、ただし……

ところが、この谷繁の行為に対して非難はまったく浴びせられなかった。マスメディアに至っては美談として紹介しさえした。そして、なぜかプロ野球機構もこのことをとがめたりしなかったし、中日の落合博満監督も谷繁の責任を問うことはなかった。あるいは、仮に新庄がホームランを打っていたとしても、やはり一切責任問題は出なかったかもしれない。いやむしろ、三球三振以上に「すばらしい」こととして国民全体が感動をもって受け入れたに違いない。ある意味、日本国民全員が「空気を読んだ」のである。

この「お祭り」の雰囲気に水を差すことなどできないし、そうしようとする者などいないという状況がつくられていた。そして、このとき、われわれはメディアの魔術師・新庄のマジックに完全に洗脳されていたのである。メディアはもちろん、観客も、そして相手チームのキャッチャーである谷繁も、さらには監督の落合までもが、いや日本国民すべてが新庄に洗脳されていた。国民全員をペテンにかける暴挙を、新庄はたった一人でやってみせたのだ。ただし、ペテンに賭けられたなかには、かけた本人も含まれていたのだが……。ここにきて新庄劇場は頂点に達する。

九回表の攻撃は、もはや中日の消化試合と化していた。さっさと試合を終えろというムードが球場に、そしておそらく日本全国にもあふれ、もはや中日選手はやることなどなくなっていた。そのことを当の中日選手までが意識していた。繰り返すが、得点差はまだ三点で、逆転の可能性は十分あるはずなのに。そして九回表は、「お祭り」の力がはたらいたのか、たった三打席で攻撃は終了した（中日の選手には戦意がまったく感じられなかった）。晴れて日本ハムファイターズは日本一になったのだ。そして、優勝の瞬間、真っ先に胴上げされたのは、日ハム監督のトレイ・ヒルマンではなく、新庄剛志その人だった。

新庄劇場は、冷静な目で見ればどうにも常軌を逸している。にもかかわらず、このとき、すべての出来事が日本人のわれわれにとっては「当たり前」に見えてしまったのだ。まさに、メディアの魔術師・新庄剛志の面目躍如たる「引退試合」だった。

メディア誘導型

二つめのタイプの「メディアの魔術師」は、メディア誘導型の魔術師だ。堀江貴文前ライブドア社長、長嶋茂雄元巨人軍監督、橋下徹大阪府知事といったところをイメージしてほしい。メディアが勝手に特定人物をカリスマ化し、メディア・イベントのために利用してしまうというものだ。その特徴をあげれば以下のようになる。

①有名人化

本人とは関わりのないところで、メディアがメディア・イメージとしてもう一人のキャラクター＝ヴァーチャルキャラクターを作り上げ、これを本人に貼り付ける。人間がメディア・イベント的に扱われるわけで、こういった存在を石田佐恵子は「有名人」（対義語は「匿名」）と呼んだ。[3]「有名人」とは、本人の実質性（業績など）とは関わりなく、メディアがメディア上に特定の人間を頻繁に登場させることで、社会一般の知名度を上げられた存在である。ちなみに、実績が伴っていれば

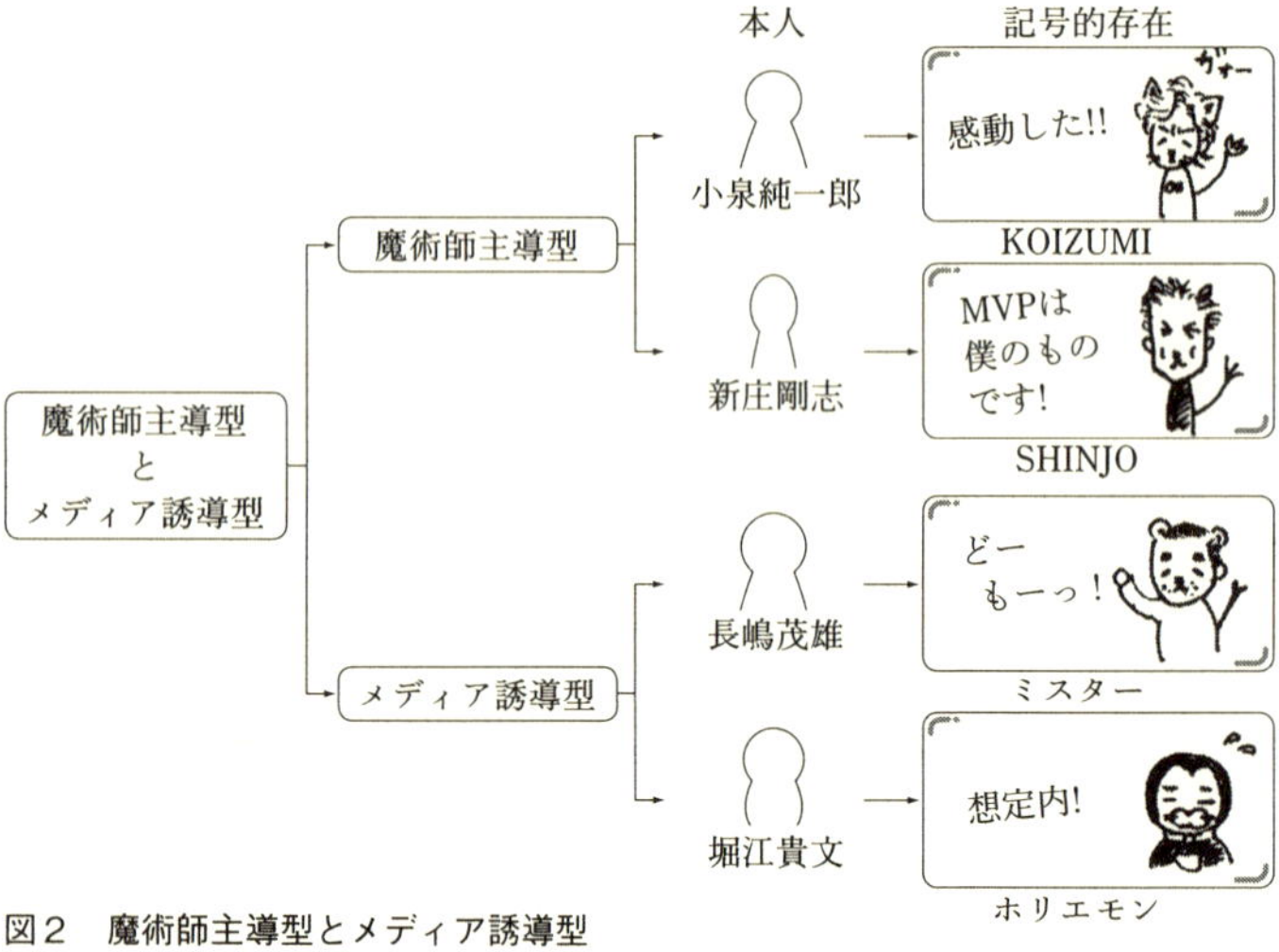

図2　魔術師主導型とメディア誘導型

それは「偉人」だったり「英雄」だったりする。[4]

②メディアが勝手に利用する

　有名人としての「メディアの魔術師」は、基本的には利用される側にいる。だから、本人にとっては現実の自分とは異なるもう一人の自分が存在するという状況に直面させられる。つまり勝手に有名人にされ、勝手にほめられ、勝手にあこがれられ、勝手に誹謗中傷され、勝手に有名人として抹殺されるといった一連の操作が、メディア主導でおこなわれる。本人が多少介入することは可能だろうが、ヘゲモニーはあくまでメディア側に握られている。

③記号としての自らの存在にイニシアチブがとれない

　魔術師主導型とメディア誘導型は、いずれも有名人化がなされ、カリスマが誕生するという点では同じである。たとえば、魔術師主導型としてあげた新庄は、前述したように選手としての実績は生涯打率二割五分程度の「並」の選手である。新庄もまたメディア誘導型と同様に、「有名人」ではあるものの、「偉人」「英雄」としての実績を踏まえてはいないのである。

では、この二つを区別する基準は何か。それは記号的存在としての自分自身を自らコントロールできるかどうかにあるだろう。ここにあげた人物は、いずれもメディア・イベントによってメディア的に作り上げられたカリスマである。たとえば小泉純一郎を例にあげれば、われわれが知っている小泉は、実在の小泉というより、メディア・イベント化された小泉、つまりあえて表記すれば〝KOIZUMI〟という記号的存在である。ならば、同様に新庄はSHINJOだし（実際、日ハム入団の際、新庄は自らの名前を〝SHINJO〟で登録している）、堀江貴文は〝ホリエモン〟、そして長嶋茂雄は〝ミスター〟である。それぞれ後者の通称で呼ばれる記号的存在を客体とし、前者の本名で示されるナマの本人、つまり主体がこれをコントロールできるかどうかがポイントなのだ。

テレビ・メディアに「ホリエモン」として利用された堀江貴文

①常にテレビ・メディア主導でイメージづくりがおこなわれた堀江

魔術師主導型、つまり小泉と新庄はそれぞれにKOIZUMIとSHINJOという記号的存在の自己を自らコントロールしながら、メディア、とりわけテレビを操作することに成功した。KOIZUMIとSHINJOの場合、あくまで生身の魔術師＝本人の側にプロデュース権があった。一方、堀江貴文と長嶋茂雄は違っていた。堀江にとって「ホリエモン」はメディアが作り上げた記号であり、自らもそれに乗ってメディアに露出したことは確かだが（たとえばたこ焼き・八っちゃん堂のテレビCM（コマーシャル）に出演し、「おいしさ想定外」という、自らが発して流行語になった言葉にひっかけた商品コピーを口にしている）、むしろメディア・イベントとしてホリエモンを作られた側面が強い。二〇〇五年の流行語大賞の「想定内」という言葉をとっても、本人がこの言葉を広めたのではなく、堀江本人の口癖をメディアが取り上げ、それが流行語になったので、本人も意識して使用するようになったものだ。つまり「想定内」一つをとってもメディア誘導であり、言い換えれば堀江はメディアが作った「ホリエモン」に適合させられていくという側面が強かったといえるだろう。

②メディアをコントロールできなかった堀江

もともと堀江が有名人「ホリエモン」になったのは、近鉄バファローズ買収に続いてニッポン放送株買収、さらにはその食指がフジテレビにまで動くなど、IT（現在は一般にICTと呼ばれている）企業だったライブドアが、投資会社となって乗っ取りを始めたことに端を発する。ニッポン放送とフジテレビはともかく、近鉄については堀江自身は投機対象として考えていたフシが強いが、このときメディアは、危機にあるプロ野球パリーグの救世主であるかのように堀江を扱った。そこで、みんなの夢をかなえてくれるドラえもんをもじって「ホリエモン」を誕生させたのだ。これに堀江本人も便乗した。ただし、このときも、堀江は自らのイメージで「ホリエモン」を操作するというより、前述したようにメディアによって操作されている「ホリエモン」に自らが乗っかるというかたちをとっていた。というのも、もともと堀江はマネーゲーム、つまり利益追求に関心があるので、「みんなの夢をかなえてくれるホリエモン」になるというのはイメージ的には悪くはないが、本人の目的とは関係がない。だから、このイメージを引っ張りつづければ、むしろ営業上のマイナスになることは目に見えていた。また、もちろん魔術師としてメディアを翻弄するような能力を備えていたわけでもなかった。

③堀江を「ホリエモン」に仕立てていった権力

だが堀江自身は、その後メディアによって作られた「ホリエモン」に自ら酔うようになり、次第に振り回されていくことになる。二〇〇五年の郵政選挙の際、堀江は抵抗勢力に対する落下傘候補として広島六区から立候補する。六区で抵抗勢力として公認を外されたのは、抵抗勢力のドンといわれた亀井静香だった。堀江は結局、自民党公認も、さらには推薦さえも受けられなかったが、立候補会見を自民党本部でおこなったり、当時、自民党幹事長だった武部勤が「ホリエモンは私の弟です」などと選挙区で応援をしたりもした。こうして、広島六区では「お祭り」が生じ、堀江は敗れこそしたが健闘した。だがこのときから、堀江はメディアが作った「ホリエモン」を自分の実像と読み違えはじめる。

「みんなの夢をかなえてくれるホリエモン」のイメージはテレビには非常に好都合だった。とにかく露出させれば視聴率を稼げる男だとテレビ・メディアは認識し、堀江は引っ張りだこになっていった。また、堀江のメディアへの露出の増加は、彼が経営するライブドアの株価を吊り上げてもいった。そこで、堀江自身もテレビ出演は追い風だと考えるようになったのではないだろうか。

堀江の「お祭り」は宇宙開発や流行語大賞受賞によってピークに達する。不況の日本の未来を背負った時代のリーダー「ホリエモン」が、誕生していたのである。

④「夢をかなえるホリエモン」から、「悪の権化ホリエモン」へ

だが、IT企業といっても、企業買収によって規模を拡大してきたのがライブドアである。いわば「乗っ取り屋」「企業を商品にするブローカー」であり、その「本性」が、彼をホリエモンとして利用していた企業のひとつ、つまりメディア企業であるニッポン放送と、さらには親会社のフジテレビを含むフジサンケイグループに向けられるようになると、メディアは態度を一変し、堀江を警戒するようになった。するとテレビ・メディアも、「ホリエモン」を善玉から悪玉へと置き換えはじめる。

善玉から悪玉への「ホリエモン」の転換は二〇〇六年一月十六日、証券取引法違反で堀江が逮捕されると瞬く間に成し遂げられた。「ホリエモン」は「堀江貴文容疑者」となり、ライブドアは「先進のIT企業」から一気に「虚業」のレッテルが貼られることになったのだ。

堀江は、メディアによって勝手に「ホリエモン」にされ、祭り上げられ利用されたあげく、引きずり下ろされた。堀江自体がテレビを中心としたメディアに踊らされた一人であって、結局、記号としての分身である「ホリエモン」を自ら利用して「お祭り党」を結成したのでも、「お祭り」をおこなったのでもなかったのである。「お祭り党」あるいは「お祭り」を起こしたのは、堀江を「ホリエモン」として利用したメディア、とりわけテレビ・メディアだった。堀江はメディアによって持ち上げられたのち、そこから引きずり下ろされた。堀江は「ホリエモン」に飲み込まれてしまったのだ。そして二〇〇九年現在、堀江はすでに過去の人という扱いになっている。あの騒ぎは何だったのだろうと思うほど、彼がメディアで取り上げられることはすっかりなくなっている。

メディアと「ミスター」を分かち合う長嶋茂雄

①元祖「有名人」、ミスターこと長嶋茂雄

テレビが作り上げた最初のメディアの魔術師としては、長嶋茂雄があげられるだろう。長嶋は王貞治とともにテレビがメディア・イベント的に創造した最初の有名人として位置づけることができる。一九五〇年代前後（昭和二十年代）、当時の読売新聞社社主・正力松太郎はテレビ放送に事業を拡大し、日本初の民間放送局として日本テレビを開局するが、その際のキラーコンテンツ、つまりテレビというハードを普及させるためのソフト＝プログラムとしてスポーツに注目した。一つはプロレスであり、力道山というメディアを媒介とした有名人が登場した。そしてもう一つがプロ野球であり、自らがオーナーである読売巨人軍の試合をテレビ中継した。六〇年代には、テレビの普及戦略の目玉として当時「オーエヌ」（ＯＮ）と呼ばれた王と長嶋という二人の選手をクローズアップするようになる。

なかでも長嶋は、「国民的英雄」として絶大な人気を博した。メディア、とりわけテレビ・メディアは長嶋を「スター」として扱った。これによって長嶋は一挙手一投足すべてにカリスマ性が付与され、行為一つ一つが神話を生むようになる。その神話で固められた長嶋こそ「ミスター」と呼ばれる記号＝プロ野球の代名詞的存在だった。

長嶋をめぐる神話には本当ともウソともわからないエピソードがたくさんある。たとえば、あるとき田園調布の自宅前の路上で長嶋は愛車のベンツを洗車していたが、当然、公道なので、通りか

かるほかのクルマには迷惑だった。一台の車がやってきて、長嶋の車をどかせるべく、クラクションを鳴らした。すると長嶋は右手でホースを持ち、左手をあげながら「どーもー」と挨拶し、それを見たその車の運転手は「ああ、長嶋さんか」と納得して車をバックさせたという。また、ホテルの台帳の職業欄に「長嶋茂雄」と記入していたとか、息子の一茂を野球観戦に連れていったものの、球場に置き忘れてきたとかいうエピソードもあり、それらの真偽は定かではないが（おそらくほとんどがウソか、事実に大幅な脚色が施されたものだろう）、これがミスターを彩る神話として人口に膾炙していった。長嶋の場合、スター、すなわちテレビ普及の看板として、メディアが勝手に持ち上げて、長嶋の行動すべてがポジティブに報道された。反面、プライバシーは徹底的に隠蔽されていた。それは、さながら皇室報道のようであり、長嶋はそのように扱われることでプロ野球界の神の代名詞＝「ミスター」に祭り上げられていったのである。これは現在でも続いている。長嶋が発した言葉は、そのまま流行語（「いわゆるひとつの」「そ〜ですね〜」「メーク・ドラマ」など）になったり記録されて残る（たとえば、二〇〇一年宮崎に建設された宮崎県営球場のサンマリンスタジアムは長嶋による命名）。

長嶋は「ミスター」という記号をメディア、とりわけテレビ・メディアとイーブンに分け合っているところがあるのかもしれない。テレビと長嶋双方が「ミスター」に行動の焦点を当てることで、結果として長嶋は神格化していく。だが長嶋自身は、いうなれば当人もまた皇室的な存在として振る舞い、自ら政治の場に出たり、メディアをねじ伏せてイニシアチブをとり、これを利用するというような行為は決してしない。また、その一方で、前記の真偽がわかりかねる神話についても、その真実を明かそうとしない。そうすることで長嶋は「ミスター」のイメージを温存し、メディアもまた「ミスター」のイメージを温存するために、長嶋をネガティブに扱うことは決してしない。そこで結果として双方に良好な関係が築かれる。このバランスによって、脳梗塞で倒れても長嶋は依然カリスマとして君臨しているのである。

そのまんま東は何型か?

①そのまんま東＝メディア誘導型から東国原＝メディア魔術師主導型へ

さて、そのまんま東の場合だが、第1章での分析を踏まえれば、彼はメディア誘導型からカリスマ主導型へと変化したといえるだろう。当選前はメディア誘導型の比重が大きかった。つまりメディアが勝手に取り上げたおかげで、そのまんま東は当選してしまった(もちろん、選挙戦では有権者相手にしたたかな戦略を展開していたが)。しかし東国原英夫となった当選後は魔術師主導型となり、メディアを積極的に活用しながらコントロールするようになった。鶏インフルエンザ事件の逆利用、県議会の牽制、バラエティ番組への頻繁な出演による宮崎イメージのアピール、宮崎県産品のトップセールスなどは、いずれも自らがメディアの魔術師としてテレビを積極的に活用していることを示している。つまり選挙中と当選後ではメディア、とりわけテレビ・メディアとの関わり方が変化しているのだ。したがって、そのまんま東＝メディア誘導型、東国原宮崎県知事＝魔術師主導型と位置づけることができるだろう。

②テレビ重視と新聞軽視、権力装置としてのブログの有効活用

このことを裏づけるエピソードを一つ紹介しておこう。東国原はメディアを使い分けている。テレビの徹底重視、その一方での新聞の軽視である。新聞軽視の典型が「定例記者会見中止」の提案だ。「特に何もないのに記者会見やっても仕方がないだろう、だからやめたい」というのが表向きの理由だが、実際には新聞メディアを徹底して無視しようとするところにねらいがある。

東国原はテレビ、とりわけ生放送は自らのパフォーマンスを直接伝えることができる、あるいは収録であってもこちらが流してほしいと思うところを報道してくれると認識している。前述したようにテレビは最もキャッチーなところを切り取る傾向があるため、報道されたいところではここぞとばかりにキャッチコピーやギャグを使って表現するのだ。すると、テレビはまんまとはめられたかのように、これを報道してしまう。要は芸人としてテレビの扱い方を心得ているのであり、テレビは彼にとっては非常にコントロールしやすいメディアなのである。

一方、新聞についてはこういったメディア・パフォーマンスが効かないし、新聞社が作った文脈のなかに言動が流し込まれてしまう。つまり東国原にとって扱いにくいメディアなのである。そこで自らのブログを使って、今度はこのコントロールしづらい新聞を抑え込もうとする。東国原がそのまんま東時代から継続しているブログ「そのまんま日記」は、政治家としては突出したアクセス数を誇っている。政治家のブログのたいていは口述したものをスタッフに書かせたり、あるいはスタッフが政治家名で書くものがほとんどだが、東国原のブログは、すべて自分で書き込んでいる。なかでもいちばん多いのが知事の一日の仕事で、その日のスケジュールがすべて書き込まれ、これをチェックしつづけるだけで「知事の仕事」がどういうものかが一目瞭然にわかるようになっている。また政治の話だけでなく、趣味のマラソンの話や、仕事を終えた後の私生活についても、詳しく書き込まれている。たとえば、仕事が終わった後、近くのスポーツクラブでひと汗流し、サウナに入ると、同じクラブのメンバーが話しかけてきたので、井戸端会議ならぬサウナ会議になった、などといったエピソードが書かれている。どこのスポーツクラブかも、必ず実名入りだ（つまり、これで東国原が宮崎市内のどこのスポーツクラブのメンバーかが判明するわけで、これがいっそうの親しみと地域に密着している知事というイメージを作り出す）。これは、「そのまんま東」という芸人が「東国原英夫宮崎県知事」をやっているという庶民目線の展開になっていて、読む側としては「われらが知事」という親しみを抱くうえでは抜群の効果を発している。

だが、こういった親密性を県民たちに喚起する一方で、東国原は政治メディア、権力メディアとして効果が高い、ブログを利用することも忘れない。東国原のメディアに対するスタンスはテレビの徹底重視と新聞への徹底した軽視であることはすでに述べたが、テレビは芸能人としてその操作法を熟知しているから、自分の都合のいいように利用するのはお手のものだ。ところが新聞・雑誌の場合、勝手に内容を書かれるのでコントロールできない。だから、新聞記者に対しては非常に冷淡な扱いをし、コメントもあまりしないどころか、ジョークの一言さえ発しない。だが、これは新聞というメディアに対して極端に警戒しているということでもある。実際、僕が知事におこなったインタビューでも「新聞は非常に気になる」とコメントしているほどだ。

コントロールしづらい新聞に対するカウンターとして利用しているのが、ブログである。新聞が自らの意向とは異なる論説や誤った情報、さらには報道されては都合が悪いような記事を掲載した場合、自分のブログを使って徹底的に反論するのだ。「親密なわれらが知事」が運営するブログという文脈で地元の人たちはここにアクセスしており、膨大なアクセス数がある。つまり、ブログそれ自体が権力をもっている状態であるために、新聞に対して十分に反撃力をもつことになる。「そのまんま日記」での知事の反論を他紙やメディアが取り上げた場合、結果として先行報道を否定するような文脈が作られるのだ（メディアも常にこのブログに注目している）。それだけではない。シンパともいえるブログの常連アクセス者たちの一部が、「不適切」と思われる報道をした新聞に電話、投書、ファクス、インターネットなどを通じて抗議をおこなうのだ。その結果、新聞はこうした抗議を恐れて、結果として知事批判を自重することになる。これはインターネットの双方向性を利用した実に巧妙な権力行使であり、新聞の口封じである。テレビを操る魔術は、インターネットでも、やはり同様に機能している。テレビの影響力とインターネットの影響力をうまくミックスし、今度は新聞をコントロールしようというわけである。ちなみに、県議会議員の発言についてブログを使って反論すると、その議員がバッシングを受けるという構造もできあがった。県議会議員も、もはやおいそれと「東様」に盾突くことは許されなくなっている。

テレビをジャックし、インターネットを活用することで、議会や新聞をコントロールし、さらに宮崎県民を「宮崎をどげんかせんといかん」「県民総力戦」というキャッチフレーズで煽り、日本中の注目を宮崎に集める。いわばテレビ・メディアを駆使した魔術であり、これが東国原流のやり方なのである。

そのやり方は小泉や新庄と酷似している。東国原英夫は小泉純一郎や新庄剛志と同様、メディアをコントロールしようとするメディアの魔術師にほかならない。ときにはそのまま東、ときには東国原宮崎県知事という二つの記号的＝ヴァーチャルな存在を使い分けて。

3　メディア・システム系＝メディア・ディスクール媒介型

伝達者のメディアが、伝達者自身となり強力な力を発揮する

メディアの魔術師のもう一つのパターンは、メディア・システム系＝メディア・ディスクール媒介型（以下、ディスクール媒介型と略記）である。ディスクール媒介型とはメディアが議題を設定し、それがスパイラル的に展開していくパターンであり、カリスマはおらずディスクール（＝そのときそのときで語られたり書かれたりするもの）それ自体がカリスマ／メディアの魔術師の代替となる。言い換えれば「お祭り」を主催するのは、メディアでヘゲモニーを握ったディスクールそのものである。具体的には、さまざまな事件や出来事、キャンペーンが中心となって「お祭り」が発生するのだが、これらが前述のメディアの魔術師と同様の機能を果たすのだ。このとき、ディスクールを媒介するのはテレビを中心としたマスメディアであり、援護射撃するのがインターネットである。あるいは、ディスクールの生成をマスメディア自体が担うこともしばしばある。こうなると「お祭り」すべてがメディア・イベントとして成立していることになる。

たとえば二〇〇四年のイラク人質事件の自己責任問題、〇六年のイジメ撲滅キャンペーン、ドイ

ツ・ワールドカップサッカーの熱狂、アルコール自粛ブーム、そしてここ数年続くタバコ追放運動の動きなどがこれに該当する。また〇七年参院選での自民党の歴史的大惨敗は安倍晋三という人物がクローズアップされたため、一見すると前者、つまり実在するメディアの魔術師がきっかけになったように思えるが、これも実は「自民党安倍イジメ」というディスクールによって展開したものといえる。

視聴率・販売部数という神の手による無意識のディスクール形成

このパターンの特徴は、メディアが半ば無意識のうちに主体となることが多く、またキャンペーンを繰り広げることによって強力な力を発揮することだ。本来ならば情報を伝える役割を担う側がメディア・イベントを起こしてしまい、取り上げられたディスクールがメディアを覆い尽くしてしまうと、メディアはスーパー・メディア、つまり世論を揺るがしかねない強力な影響力を有する存在と化し、手のつけようがなくなる。ディスクールに一切反論できないような状況がつくられ、エリザベート・ノエル・ノイマンが指摘する「沈黙の螺旋[5]」状況が出現するのである。

そのメカニズムは次のようになる。メディアは、視聴率ないし販売部数を伸ばせそうな題材＝ディスクールを見つけると、これをキャンペーン化し、集中して取り上げるようになる。特にテレビ局は視聴率至上主義のために、それら「ネタ」の多くは関心を惹起しやすい、興味本位に基づいた記号性が高い題材となる場合が多い。たとえば、殺人事件なら殺人者が子どもであるとか、猟奇的なやり方で殺害したとか、わいせつ行為に関する事件なら著名人や教育者が犯したものなどへ注意が向けられる。言い換えれば、既存のフレーム＝コードに従いながらも、差異化を図ることが可能で、それによってオーディエンスの間に意味解釈をはたらかせようとするモチベーションが促されるようなものが選ばれる。同様に視聴率獲得可能と考えた他局もすかさず同じ話題を取り上げ、さらには新聞や雑誌など複数のメディアも発行部数の増大が見込めると判断するとこれに続く。こうしてメディア・イベントが発生すると、それはあっという間に「お祭り」化する。最近であればアマチュア少年ゴルファー・石川遼選手（現在はプロに転向）はたった一日で有名人となった。その際のキャッチコピーは試合の実況アナが思わず口にした「ハニカミ王子」で、このコピーをメディアがいっせいに取り上げ、瞬時にして石川選手は有名人の仲間入りをしたのである。

メディア・システム系「お祭り」は「炎上」と同じ

メディア・システムがこういったカリスマなき「お祭り」や「お祭り党」が生まれるような状況をつくるときには、本来なら啓蒙、批判をする側であるメディアが、ビジネスのためにメディア・イベント・キャンペーンを組んでしまうので、歯止めがききにくい。歯止めをかけるのは本来ならばメディアなのだが、メディア自身がキャンペーンを推進してしまうと、これを抑制する存在がいなくなってしまうからだ。また、特にテレビの視聴者は消費感覚、言い換えれば暇つぶし感覚でそうしたキャンペーンを見ており、スペクタクルが見たいがために、こういったデフォルメが効いた演出に引き付けられやすい。すると視聴率が上昇するのでテレビ局はさらに演出を過剰にし、報道頻度を上げていく。その結果、視聴者に飽きられるまで、スパイラル的に「お祭り」が展開する。

「お祭り」が終息するのは、①何度も繰り返し報道したので、飽きられる（このタイムスパンはかなり短い）、②次の大きな「お祭り」ネタが現れる、のどちらかである。

そしてこのメディア・システムによる「お祭り」の発生は、メカニズム的にはインターネット上で頻繁に発生する「炎上」と同じ性質のものである。「炎上」とはネット上のブログが多くの人々によってコメント（ほとんどは誹謗中傷）などで攻撃を受け、継続が困難になる事態を指す。人々は軽い気持ち、いわば「路上を歩く人間に石を投げて揶揄する野次馬感覚」で揚げ足取り的な攻撃を仕掛けるのだが、感情に煽られるため、これが雪ダルマ式に拡大して、最終的にはブログが閉鎖に追い込まれる。同じことが、テレビの、とりわけニュース報道で頻繁に発生しているのである。これはネガティブにはたらけば「ブログ炎上」と同じ事態、つまりテレビ局への抗議電話の殺到や、インターネットの掲示板やブログなどで大量の誹謗中傷の書き込みなどが発生するためにわかりやすい。二〇〇六年に起きた沢尻エリカや倖田來未、プロボクシングの亀田親子に対するバッシングなどはその典型だろう。いうなれば弱い者イジメのスパイラル的展開である。一方、ポジティブに展開した場合は、結果としてカリスマ化やホメ殺し的状況が出現する。

具体的にはメディア・システム系のメディアの魔術師＝ディスクールはどのように機能するのかについて、以下、ネガティブに作動した場合の例として二〇〇七年七月の参院選を、ポジティブに展開した場合の例として〇六年六月のドイツ・ワールドカップサッカーでの日本人サポーターの熱狂を例に考えてみたい。

安倍政権炎上

①自民党が負けすぎた二〇〇七年参院選

「ブログ炎上」とほぼ同じ現象を社会的規模で引き起こした典型的な例が、二〇〇七年の参議院選挙での安倍・自民党の歴史的惨敗だった。この出来事についてはすでに触れたが、ここではより細かく分析してみよう。

参院選前、僕は選挙の結果について次のように予想していた。六年前は自民党が大勝したが、これは小泉劇場が起きていたからだ。したがってさらに三年前の無風状態が自民党の実力なのだから、今回は自民党は負けるだろう。ただし、自民党には逆風が吹いているので、三年前よりも少々負けが込むかもしれない。

だが、フタを開けてみれば、安倍政権は自民党始まって以来の歴史的惨敗を喫した。これはいくらなんでも、ちょっと「負けすぎ」だった。このあまりに極端な惨敗は、民意を超えたところで起きたとしか考えられない。

このときの惨敗のメカニズムは、基本的に、その二年前に起きた小泉郵政選挙の歴史的大勝利と同じである。ただし結果が反対だったことと、メディアの魔術師が不在だったという点が異なっている。つまり小泉のような存在がいなかった。郵政選挙で発生していたのは小泉劇場と呼ばれる「お祭り」だった。一方、二〇〇七年の参院選で起きたのはまさに「炎上」という、もう一つの「お祭り」だった。ここでも、実は「お祭り」党が出現しており、安倍政権を炎上させる「お祭り」を催したのだ。

②顔つきの評価は「柔和」から「優柔不断」へ

安倍晋三首相の顔つきは、組閣当初は「柔和」「ソフト」「紳士的な」といったイメージで語られていた。ところが、「消えた年金」問題（二〇〇七年五月、コンピューターでデータ化された年金記録が入力のミスなどで管理が適切におこなわれていないことが明るみになった事件）や松岡利勝・赤城徳彦といった二人の農林水産大臣の相次ぐ資金不正運用疑惑、また久間章生防衛大臣の原爆投下に関する不適切発言、そして度重なる国会の強行採決といった一連の国民不審を招く事態が発生すると、安倍首相の顔つきに対するイメージは一変する。「柔和さ」は瞬く間に「頼りなさ」「優柔不断さ」に取って代わられたのだ。

このときも「炎上」をプロデュースしていたのはテレビだった。テレビは松岡農林大臣の「ナントカ還元水」や久間防衛大臣の「長崎の原爆投下は「しょうがない」」といったフレーズだけを取り上げ、問題の核心よりも表層的な部分を取り沙汰し、視聴者のワイドショー的=野次馬的好奇心に訴えかけることで、安倍政権バッシングに拍車をかけたのだ。決定的な一打となったのは、政治資金の不正運用を指摘されて記者会見に登場した赤城農林大臣の、ばんそうこうに覆われた顔のクローズアップだった。のちに吹き出物によるものだったと説明されたが、テレビに映った大臣の顔は、まるでイジメられてケガをした子どものようだった。しかもイジメてケガをさせた側にさらにイジメのネタにされてしまいそうな被虐性が漂っていた。これによって視聴者は、「ばんそうこう赤城」を部分集合とする内閣のトップである安倍首相に対して、「ダメ首相」といったイメージを増幅させた。こうした視聴者の動向を受けてテレビをはじめとするメディアは、さらに寄ってたかって揚げ足取りをしつづけ、ついには安倍政権を「炎上」させたのである。安倍政権が弱れば弱るほど、「炎上」させている側の快楽は高まる。安倍首相がマヌケに見えるのが面白くて、大衆は安倍イジメをやめられなくなったのである。

③安倍イジメのスパイラル

参院選には惨敗したが、安倍首相は職を賭する覚悟で政権継続を敢行する。内閣を一新し、陣容を以前の身内で固めた「お友達内閣」ではなく、自民党全体の意向を汲み取った「堅牢」なものとし、「ＫＹ安倍」のイメージ払拭に努めようとしたのである。ところが、これも焼け石に水でしかなく、組閣後一週間で、資金不正運用疑惑が取り沙汰されて遠藤武彦農林水産大臣が辞任。これで、「一新したにもかかわらず、同じことが発生する」というイメージが付与された。しかも、不祥事続きで最も注目を浴びていた農林水産大臣がまたも同様の不祥事で辞任したため、二重の意味で記号性が高まり、ますます「ＫＹ安倍」に拍車がかかっていく。決定打は二〇〇七年九月十一日の施政方針演説で、インド洋での海上自衛隊による補給活動継続問題に関する議論が紛糾、さらに同件に関して民主党代表の小沢一郎に会談を申し入れたものの断られたことだった。

当初、政権継続の意欲を強くもっていた安倍首相だが、こうした「ＫＹ安倍イジメ」スパイラルに歯止めがきかなくなると、所信表明演説からたったの二日で辞意を表明する。安倍首相が追い込まれたのは政権争いのせいだけでなく、テレビ報道も大きく影響していたと考えなければならないだろう。そして、辞任以降も、この「炎上」はしばらく止まらなかった。所信表明演説二日後にやめるなど無責任きわまりない、お坊ちゃん辞職である、などといった非難がわき上がり、すべての問題の責任が安倍晋三という個人の問題に集約されていった。

④キャッチーなコピーが生んだ安倍政権崩壊

興味深いのは、政権内でのスキャンダルを除けば、このとき安倍首相が辞任に至らなければならなかった理由が、ほとんど見つからないということだ。安倍政権が政治的失策を犯したかというと、特に思い当たらない。むしろ小泉政権の方が多くの政治的問題を抱えていた。たとえば小泉政権下では靖国参拝問題が生じていたが、安倍首相は外交問題を踏まえたうえで慎重に対処し、自分が参拝を控えることでこの問題を沈静化させた。外交では中国、北朝鮮、韓国との関係改善に努め、アメリカとも積極外交を展開した。それなのにそうしたことがまったく評価の対象にされず、ただ「無能」というイメージだけが増幅されていったのである。

閣僚のスキャンダルに加え、政権下でたまたま発覚した年金問題（テレビ的に「見栄え」のする事件）のせいで、「安倍は無能」という記号化が急激に進んでいったといえる。しかも安倍を無能扱いするワンフレーズ・ポリティクスは、常にメディアの側から発せられていた。柳沢伯夫厚生労働大臣の「女性は産む機械」発言をはじめ、先にあげた松岡農林大臣の「ナントカ還元水」や久間防衛大臣の「原爆投下は「しょうがない」」、赤城農林大臣の「ばんそうこう会見」など、テレビ・メディアは安倍政権を否定するためのコピーを次々と作り出し、安倍バッシングをメディア・イベントにしたのである。(6)

ワールドカップサッカー決勝トーナメント出場決定をめぐる「お祭り」

①常勝チーム、ジーコ・ジャパンというディスクールの構築

一方、メディア・ディスクールによる「お祭り」がポジティブに展開した例としては、二〇〇六年のドイツ・ワールドカップサッカーでのジーコ・ジャパン・ブームがあげられるだろう。

二〇〇二年の日韓大会の際、日本代表チームはフィリップ・トルシエ監督のもと、見事に決勝トーナメントに駒を進めることができた。そして四年後のドイツ大会に向けて、ブラジルの英雄であり、Jリーグの普及の立役者でもあるジーコが代表監督を務めることになった。選手も海外のクラブチームで武者修行する中田英寿、稲本潤一、小野伸二、中村俊輔といったスター選手がそろい、ワールドカップ出場はもちろんのこと、決勝トーナメントでは前回以上の好成績が期待されていた。こうして〇二年からの四年間、日本代表チームはサッカー界のカリスマであるジーコを中心に、「ジーコ・ジャパン」としてテレビを中心としたメディアに徹底的に注目されつづける。

ところが、海外遠征や海外チーム招請による親善試合などで、代表チームはいまひとつふるわない。そのため代表監督の経験がないジーコに対して、監督としての能力が疑問視されるようになった。ワールドカップ最終予選でも、薄氷を踏む思いで、ようやくドイツ大会出場を決定する。

だが、予選までの厳しい試合内容にもかかわらず、メディアは、ドイツ大会でのジーコ・ジャパンの大活躍が約束されたかのような報道を続けた。ファンの側も、こういった心配事をメディア報道によって、無意識のうちにかき消すという作業をおこなっていた。ファンは、現実の代表チーム

を直視せず、メディアが媒介する常勝チーム「ジーコ・ジャパン」という記号＝イメージにもっぱら注目したのである。

たとえば、元ヴェルディ川崎の監督で、現在サッカー解説者の松木安太郎は、ワイドショーやスポーツ番組のなかでワールドカップ予選リーグでは三戦三勝、勝ち点九で決勝トーナメント進出という予想をブチ上げ、さらにはワールドカップに協賛しているキリンビールのテレビCMにも出演して、ワールドカップでの日本の活躍を断言するような発言を繰り返した。CMでの松木のセリフは「勝つに決まってるでしょ！」だった。

また、フジテレビのワイドショー『とくダネ！』は、前回大会に続いて、今回も徹底的に日本チームを持ち上げる報道を大会前から繰り返していた。これを担当したのは前回に引き続き大村正樹アナだった。大村アナは「安心理論」というキャッチフレーズのもと、ジーコ・ジャパンが決勝に進出する理由を、あちこちからデータを引き出してきて説明した。そして、その「分析」のすべてがポジティブなものだった。もちろん、ワイドショーなので「お遊び」の要素が強く、データ分析といっても恣意的で、説得力のあるものではなく、その点に司会の小倉智昭がツッコむというパターンをとっていたが、こうすることでワールドカップへの注目やジーコ・ジャパンへの期待を、いやが上にも盛り上げていったことは事実だろう。ジーコ・ジャパンの大活躍というスペクタクルを見たいというファンのニーズに合わせるかたちで、テレビ・メディアは次々と決勝進出の期待を煽りつづけた。大会直前になると日本のメディアではジーコ・ジャパンの決勝進出は、すでに「既定の事実」のように扱われていたのである。

②ボロ負けという現実

ところが、現実には周知のとおり、日本チームは二敗一分け、勝ち点一の予選最下位敗退だった。もっとも、ヨーロッパのメディアは冷静で、日本の決勝進出は無理との予想が大半だった。「ジーコ・ジャパンの決勝進出はすでに確実」といった報道は、松木や大村に象徴されるように、日本のメディアがメディア・イベント的にでっち上げたものにすぎなかったのだ。だが、日本のファンはそれを信じ込んでいた。なぜなら、そこには「お祭り」が発生していて、サポーターたちは「お祭り党」となっていたので、これを否定することなどありえないという気分になったからである。そこで祭り上げられていたのは現実の日本チームではなく、いうなればヴァーチャルな日本チーム＝ジーコ・ジャパンだった。

本大会での初戦リーグ敗退によって日本のサポーターは落胆した。以降、ワールドカップの視聴率は下降線を描き、大会中にもかかわらず、日本ではシラケムードが蔓延していく（盛り上がったのはジダンの頭突き事件くらいだった）。それまでの四年間、日本チーム盛り上げの旗頭的存在だったジーコもそそくさと日本を去っていった。そんなチームなど見たくない。日本のサッカー・ファンたちは、一刻も早くこのいまいましい出来事を忘れ去ろうとした。ワールドカップや日本代表チームに関する報道は激減していった。こうして気がつくと、昨日までの「お祭り」がウソのような何もない日常に戻っていたのである。

ドイツ・ワールドカップに向けて起きた「お祭り」は、メディアがジーコ・ジャパンを勝手に持ち上げたために「お祭り党」が結成され、一気に発生したものだといえる。しかし初戦リーグで敗退した瞬間、「お祭り」は現実に直面して消滅した。それまでのジーコ・ジャパン幻想を煽っていたテレビ・メディアも現実を突き付けられ、ジーコが去るやいなや「ジーコ・ジャパン」の名前をメディア・イベントの項目から消去した。残されたのは、無惨に敗退し、世界ランクでも並レベルでしかないと判定された日本代表チームだった。だが、テレビ・メディアがこの事実を分析することはほとんどなかった。なぜなら、対費用効果が期待できないからだ。ドイツ大会で人々がテレビ越しに見つづけていたのは「ジーコ・ジャパン」という幻影だったのである。

「お祭り」騒ぎは終わったが、テレビ・メディアにはサッカーというものは視聴率を稼げるものだという認識がある。この火を消してはまずい。そこで、さっそく次のメディア・イベントのメディア＝記号となる存在を探しはじめた。それはイビチャ・オシムだった。だが、オシムが脳梗塞で倒れ、代表監督を辞任した後、監督を務めているのが「岡ちゃん」こと岡田武史である。彼は、一九九七年のフランス大会でも監督を務めているため再任だが、前回と同様、前任者の辞任による引き継ぎであり、さらに日本人であるということもあって、メディアが注目するようなスター監督ではない。そのため結果としてワールドカップ・南アフリカ大会へ向けての盛り上がりには欠けるという状況を生んでいるのである。

注

（1）ダニエル・ブーアスティン『幻影の時代――マスコミが製造する事実』後藤和彦／星野郁美訳（現代社会科学叢書）、東京創元社、一九六四年

(2)テレビではないが、メディアへの露出を政治に利用した最初の人物はアメリカの第三十二代大統領フランクリン・ルーズベルトだ。一九三三年、ルーズベルトは『炉辺談話』(Fireside Chat)というラジオ番組で国民に語りかけ、世論を喚起した。その力強く温かみのある声によって大統領は親しみのある人間として国民から支持を得ることに成功したのである。また、アニメの帝王ウォルト・ディズニーもディズニーというブランドを浸透させるために、自らが親密なキャラクターとしてテレビに出演しつづけたことで知られている。アメリカのABC放送の『ディズニーランド』という番組は、ディズニー社が制作するアニメやドラマ、ドキュメンタリーなどを放映していたが、常に番組の最初に書斎のセットが現れ、そこにディズニー本人が登場して作品を説明したのだった。またディズニーは子ども向けの帯番組『ミッキーマウス・クラブ』にも頻繁に登場し、アメリカ中の子どものいわば「父」として振る舞い、ディズニー世界の地位を確固たるものにしたのだった。

(3)石田佐恵子『有名性という文化装置』勁草書房、一九九八年

(4)もっとも最近は「偉人」や「英雄」もメディア・イベント的に作られる傾向が強い。その典型は野球選手の斉藤佑樹だろう。斉藤はたった一つの「実績」に「若さ」とか「ハンカチ」といったキャッチをメディアが見つけることで有名人になった。ちなみに実績がない究極の有名人は、日本テレビ系バラエティ番組『電波少年』で無銭旅行をさせられた猿岩石やドロンズ、アパートに閉じこもり、応募した懸賞の賞品だけで生活させられたなすびなど、ドキュメント・バラエティをやらされた若手お笑い芸人だろう。コーナーが続いていた間こそ有名人だったが、放送終了とともに、そのほとんどはテレビから姿を消していった。

(5)エリザベート・ノエル・ノイマン『沈黙の螺旋理論――世論形成過程の社会心理学』池田謙一訳、ブレーン出版、一九八八年

(6) メディア・システムにおける「お祭り」発生の例はそのほかにもいくつかあげられる。一つは近年続いているタバコ追放運動である。タバコ禁止はメディアによってスパイラル的に広がり、もはやタバコを吸える場所などないに等しいという状況が生まれつつある。本来、喫煙は個人の自由だが、嫌煙権というものが、他人の喫煙を制限する。それならば、喫煙場所をきちんと設ければそれですむはずなのだが、新しく造られる施設は全館禁煙とするという方針が主流を占めている。たとえば新幹線は、喫煙車が撤廃され、現在すべて禁煙車両化した。さらに二〇〇八年七月からはタスポ(Taspo)制度が実施され、自販機ではタスポカードがないとタバコが購入できなくなった。これは未成年者にタバコを購入できなくさせるための対策だというが、コンビニではタバコは実質的には何のチェックもなく購入できるわけで、効果があるとは思えない。これらは、いわば「喫煙者イジメ」である。

また二〇〇七年に公務員が飲酒運転によって起こした交通死亡事故を端緒に、全国的にアルコール自粛キャンペーンがおこなわれたのも記憶に新しい。これも、過剰なテレビ報道によって、飲酒運転禁止という枠を超えて、さまざまな催しから酒が撤去されるという事態にまで発展している。たとえば近年大学祭でアルコール禁止となった大学は相当な数に及ぶのではないか。

さらにこれは事件ではないが、二〇〇七年中にテレビを介して突然ブームになったものにビリーズブートキャンプというフィットネスプログラムのDVDがある。なぜ突然ブレークしたのかは謎だが、これを指導するインストラクターのビリー・ブランクスは突然日本で人気者となり、来日の際には大騒ぎになった。また〇八年九月には朝バナナダイエットというバナナによる減量法がテレビで紹介されると、街中のバナナがスーパーマーケットからなくなるという事態も発生している。

第4章　テレビ的メディア空間の出現——Web2.0は「お祭り」を扱えない

頻発する「お祭り」現象。だが情報社会論の文脈ではほとんど注目されることがない。情報社会論の対象は、少し前だと携帯やインターネット、そして近年はユビキタスとWeb2.0だ。とりわけ、Web2.0はここ数年流行語のようにもてはやされていて、賛否両論のなか議論が続いている。だが、現に社会を揺るがしかねない「お祭り」、いや実際に政治まで変えてしまう「お祭り」を、なぜ分析対象にしないのだろう。これこそ情報社会が生んだ特異な現象であるはずなのだ。そこで、「お祭り」と比較するために、本章ではWeb2.0について考察してみよう。特に、なぜWeb2.0は「お祭り」を取り上げない、あるいは取り上げられないのかについて注目したい。言い換えればそれは、Web2.0が取り上げないところにメスを入れることが、本書が切り込む場所だということでもある。

1　Web2.0のパラダイム

Web2.0の出現

近年、情報社会論で盛んに取り上げられるWeb2.0とはアメリカのメディア企業オライリーメディアの創立者ティム・オライリーが提唱した考え方で、2.0という数字はアプリケーションのバージョンアップをもじったものである。つまりインターネット元年である一九九六年から二〇〇五年までをバージョン1.0とし、〇五年以降インターネット上に起こったドラスティックな変化を2.0ととらえるもので、インターネットというアプリケーションが1.0から2.0へメジャー・アップデートしたという意味である。

では、どこが大々的に進化したといわれているのか。それは情報の受け手が主役になり、能動的にインターネットを活用できるようになったという点だ。もちろんWeb1.0で、すでに情報をインタラクティブに扱う環境は整備されていた。ただし、当時、一個人が情報発信する方法はウェブサイト（ホームページ）の運営程度に限られていた。しかも、ＨＴＭＬ言語を用いる必要があった。ＨＴＭＬ自体はタグに文字情報を挟む程度の極めて簡略なプログラムであり、かつて簡略といわれていたBASICよりもはるかに扱いが容易だったが、それでも一般のユーザーが扱いに手を焼くことには違いはなかった。ワープロや表計算ソフトでさえむずかしいと感じるユーザーにとって、これはやはりちょっと近づきがたいものだったのだ。

また、「TITAN」「Yahoo!」「Infoseek」「excite」など受け手が主体的にアクセスする検索サイトもすでに存在していたが、これらもまだ技術的には未熟で、蓄積されたデータも少なく、ヒット率、つまりユーザーがめざす情報にたどり着く可能性も低かった。さらに、ウェブサイトを運営する側がちょっと工夫すれば頻繁に掲示されるようにすることも可能になるといったような貧弱な技術しか当時の検索サイトはもたないため、ユーザー側にとっては利便性が低いものだった。

ところがWeb2.0では、これらのアクセスビリティが飛躍的に改善される。まず、ウェブサイトについてはブログという形式が登場し、ワープロ以下のレベルの技術で情報を発信することが可能になった。人々は日記感覚で情報をネット上にアップ、つまり掲載しはじめるようになる。また「mixi」を代表とするSNS（Social Network Service）の登場や掲示板サイト「2ちゃんねる」の普及などによって記名・匿名にかかわらず多くのオーディエンスがコミュニケーションを交わすようになった。二〇〇五年からは素人動画サイト「YouTube」、さらに〇六年には「ニコニコ動画」が登場し、一般ユーザーが撮影した映像（著作権・肖像権違反の映像を含む）が次々とアップロードされ、ユーザー参加型の動画サイトが運営されている。

情報検索も同様だ。いまやネットの重要機能のひとつは情報検索だが、検索サイト「Google」は、独自の情報収集手段（サイトへのリンク数などからランキングを決定して、その順に検索結果を表示する。ただし、詳細については明らかにされていない）でヒット率を飛躍的に向上させ、もはや情報検索といえば「Google」からというのが常識になっている。また、一定のテーマを集約的に調べたければ、

「ウィキペディア（Wikipedia）」、「はてなダイアリー」といったネット上の百科事典にアクセスすれば、ほとんど事足りるといった状況ができあがった。

「Google」は機械的なアルゴリズムによって検索結果が提示されるのだが、「ウィキペディア」（以下、「ウィキ」と略記）や「はてなダイアリー」（以下、「はてな」と略記）はユーザーが書き込むことによって作られる。たとえば「ウィキ」はユーザーの一人がコンテンツを作成し、これを見たほかのユーザーが修正を施すという過程を繰り返すことで、次第に情報が正確なものになっていく。以前、プログラマー、リーナス・トーバルスがWindowsに対抗するOSを作成し、ネット上でそっくり無料公開したことがある。すると、ほかのユーザーたちがこのプログラムのバグを修正したり、付け足したりすることで、やがてLinuxという軽快でクレバーなOSが完成した。これをプログラムではなく文字レベルで実現したのが「ウィキ」や「はてな」なのだ。最初は正確でなくても、みんなで修正していくうちに、より正確でユースフルなものになっていく。ジェームズ・スロウィッキーが論じるところの『「みんなの意見」は案外正しい』[1]を地でいくサイトなのである。

また、オンライン書店「Amazon.co.jp」（以下、「Amazon」と略記）も通常の書店のように在庫の制限をもうけなくてすむので、膨大な数の書籍のストックが可能になり、かつては死蔵されたり絶版になった書籍まで収益源になりうるといった環境をつくりだした。この、いわゆる「ロングテール」というビジネス手法はインターネットによって可能になったものだ。しかも「Amazon」の場合は、それぞれの書籍についてユーザーがレビューを寄せているので、内容の評価が購入前にある程度判断できる。こういった側面でもユーザー参加型の環境、つまり受け手の能動性が高まる状況ができあがっているといわれている。

このようなユーザー参加型のインフラストラクチャであるWeb2.0については、賛否両論が渦巻いている。

Web2.0肯定論──梅田望夫のバラ色の未来論

まず、肯定論をみてみよう。わが国での実質的提唱者であり、Web2.0を強力に推進すべく旗振り役を担っているのが、ＩＴ企業経営コンサルタントの梅田望夫だ。梅田は『ウェブ進化論』(2)などの著作で、Web2.0が人々をつなぐ新しいインフラストラクチャを形成する可能性を主張している。とりわけ彼が強調するのが、多くのユーザーの参加によって、いわばサイバー直接民主主義的な状況が誕生するとしている点だ。つまり、ユーザー個々の知識が集積されて「集合知」となり、最終的にはマーシャル・マクルーハンが指摘していたようなグローバル・ビレッジ的環境が誕生し、「村状況の地球大化」が発生するというのである。(3)そして、それを担うものとしてブログや前述の「Google」や「ウィキ」「はてな」（梅田は「はてな」の主催者である）、「Amazon」「mixi」といったものをあげている。

また梅田は、このようなWeb2.0的なシステムを運用することで、人々は個々のニーズに基づいた最適の情報を容易に入手することが可能になり、より個性的で創造的な存在になっていくとも予測している。

一方、梅田の見解はあまりにも楽観的だと批判する議論も多数みられる。それらの指摘をいくつか紹介しておこう。

一つはブログについてである。ブログによって誰もが簡単に情報発信することが可能になったのは確かだが、それは発信した内容が受け入れられるかどうかとは別問題だ。実際、多くの閲覧者を獲得できるブログはごく一部に限られる。その理由は、ユーザー自体に情報発信能力が低く、結局は、たとえば日記を掲載するくらいのコンテンツしか書けないという点にある。どこの誰かもわからない匿名の個人の日常生活や私的な感想を読みたがるユーザーなどほとんどいないだろう。そこで、結局ブログの発信力はコンテンツのキャッチーさ、そしてコンテンツ・レベルの高さに求められることになる。つまり発信力が強いブログは、インターネット・リテラシーの高い者か有名人によるものかに限定されてしまう。その結果、マタイ効果、つまり「富める者はより富み、貧しい者はより貧困に」という状況が発生する。

同様に「Google」もマタイ効果をもつ。「Google」は前述したようにそのサイトに張られたリンクの数が多い順にランキングの上位に掲示するというスタイルを原則的に採用している。「Google」ではクローラーというプログラムに一定周期で世界中のサイトを巡回させてすべてのデータを収集し、それらのデータを前記の方法で分析している。つまり、「Google」は世界のインターネットのサイトとまったく同じパラレルワールドをもっていることになる。

さて、こうやって収集されランキングされたデータは、一見すると直接民主主義的な「みんなの意見を集約したもの」に見えないこともない。ところが「Google」の検索結果をユーザーが頻繁に利用するようになると「べき法則」（主要な情報だけが雪ダルマ式的に頻繁に利用され、それ以外が抹殺されていく効果。この効果は次第に拍車がかかっていく）が発生する。

ある言葉を知りたいとユーザーが「Google」で検索したとき、その検索結果をどのようにチェックするか。おそらく検索結果に表示されたサイトのうち、実際に閲覧するのは最初の一ページめがいいところで、せいぜい上位三件くらいではないだろうか。

多くのユーザーが上位だけしかチェックしないと、次のようなことが起こる。「Google」は閲覧する側がチェックしたサイトのデータ（リンク数など）に基づいてこれらのリストをランキングで掲載するという処理をおこなっているのだから、上位のサイトはますますアクセス頻度・リンク頻度を上げるが、一方で下位のサイトについてはほとんど存在しないに等しい状況になる。つまり、これもまたマタイ効果なのである。

この結果、出現するのがデジタル・デバイド、つまり情報格差である。情報を活用した者はよりリッチに、そうでない者はよりプアになっていく。

「Amazon」が掲載する書籍の独占と個人の管理

さらに、このことは「Amazon」にも該当する。「Amazon」は膨大な書籍のストックによって（販売代行というサービスもある）、ロングテール・ビジネス（売れ筋ではない書籍を流通させ、利益を獲得する手法）を成立させることに成功した。これによって、これまで手に入りにくかった書籍にもわれわれはアクセスできるようになった。しかも「Amazon」に登録しておけば、これまでの購買履歴を参照して、こちらが関心のある領域の本を紹介してくれるサービスもある。消費者にとってはたいへん便利だ。Web2.0ではこのようなことがさまざまな分野で次々と起こるのかと考えたいところだが、こういったロングテール・ビジネスが実行可能なのはごく一部の資金力が豊富な企業に限定される。膨大なストックとネットワークを所有していなければ成立しないからだ。そしてそれはいうまでもなく「Amazon」のことだ。確かに「Amazon」以外にも「紀伊國屋書店 BookWeb」などのオンライン書店はあるが、「Amazon」の普及に伴って、実質ジリ貧の状態が続いている。ユーザーは「Amazon」の巨大化によって、無限ともいえる書籍のデータベースを獲得することになるのだが、反面「Amazon」の独占状況が訪れる。つまり、書籍はすべて「Amazon」で購入するようになってしまう。自分の書籍に対する嗜好もすべてチェックし管理され、利用する側としてはこれは極めて便利なために抗うことができない。いわば「快適さと引き替えに魂を売り渡す」という状態になる。

　これらの事実を踏まえれば「Google」「Amazon」的な世界は、一見個人の自由を拡大するかに見えて、その実、人々を「Google」と「Amazon」による一元的支配下に置く可能性が考えられる。そういった不吉な未来を予測して話題になったのが、二〇〇四年にネット上に公開されたフラッシュムービー『EPIC2014』である。これは「Google」と「Amazon」が合併して「Googlezon」となって人々の個別ニーズに完全対応するが、それによって社会を一元的に支配するという作品だが、ジョージ・オーウェルが小説『１９８４』で提示した、社会を一元的に支配する〝ビッグブラザー〟を彷彿とさせる。

このように、Web2.0 上で発生するさまざまなマタイ効果によって、実はユーザーは情報発信力を備えるどころか、個人情報を抜き取られたあげく、徹底的に管理される恐れを孕んでいるのである。人々は管理されていることにも気づかず、そしてそれに不安を覚えることもなく、考えることさえしないで管理される。これこそがWeb2.0の正体ではないかと批判論者は警鐘を鳴らすのである。

「Google」と「Amazon」帝国の誕生？――「沈黙の螺旋」による意見の集約化

また、こういったシステムによるデータの一元化はかつてノエル・ノイマンが指摘していた「沈黙の螺旋」状況を生む危険性もあると指摘されている。つまり「Google」ランク一位、ブログ・アクセス第一位、「ウィキ」のコンテンツ、「Amazon」の顧客サービスといったものには異議を唱えられなくなる、あるいは異議を唱える意識さえ奪われる恐れがあるのだ。「Google」のランキングや「ウィキ」のコンテンツは絶対であり、それ以外のことを発言／発信したとしても無視されるか、「Google」の末端のページにぶら下げられる情報にしかならず、結果として存在を認知されない。いや、場合によってはこれらに逆らうような情報を流した場合には、非難さえ受ける可能性がある。そこで、大多数は沈黙にまわる。すると「Google」はいっそう上位ランキングのレベルを上げ、ブログの人気も一部に限定されていくという事態が発生する。こうなると、ここから結果するのは「集合知」ならぬ「集合愚」ということになってしまう。

2　Web2.0は「お祭り」を扱えない

Web2.0論の欠落点

以上のようなWeb2.0の議論には、肯定するにしろ否定するにしろ、ある側面が欠けている。それは、本書の冒頭で述べた社会大の規模で発生している「お祭り」現象を看過している点だ。

Web2.0肯定派は、ユーザーのネットへの参加、とりわけ情報発信能力の可能性が高まることによって、それぞれが個性的な存在になっていくことを指摘する。だが、「お祭り」現象では人々は群衆となり、理性さえ失って感情の赴くままに行動する「烏合の衆」「衆愚」と化している。Web2.0肯定派が描くのとは正反対の人間像が出現しているのだが、これをどう説明すべきだろうか。

一方、Web2.0を疑問視する議論は、一見すると、この「お祭り」現象を説明可能であるかのように思える。つまり、人々はマタイ効果によって、「Google」帝国、「Amazon」帝国、ブログ帝国の支配下に置かれ、もはや身動きできない状況にあり、そのためこういった一元的な集団行動が起きるのだとみることができる。これは、一見すると非常によく現実の現象を分析しているようにみえる。

しかし、これもまた正解とはいいがたい。この図式どおりであるならば、「お祭り」が発生するためには「お祭り」の要因となるテーマについて、「お祭り」の参加者全員が「Google」で当該のキーワードを検索し、「Amazon」で本を購入することが必要条件になってしまうからだ。もちろん、そんなことはありえない。すべての人間がインターネットに接続しているわけではないし、また接続している人間にしても、全員が「Google」や「Amazon」だけにアクセスしているわけではない。

さらに、それらにアクセスしている人間なら誰もが一元的な集団行動に向かうかどうかは、はなはだ疑問だ。「Google」検索は調べたい事柄に関するキーワードを検索窓に打ち込めばいいのだが、打ち込むキーワードは原則的に個別バラバラになる。膨大な数の人々が同時に同じキーワードを「Google」に打ち込むとは考えづらい。つまり「Google」へのアクセスは極めて個別的なのだ。例えていえば一九八〇年代にいわれた細分化された大衆である「分衆」レベル、つまり小規模グループが行動や思考様式を一元化するにすぎない。このような分衆的な集団は無数に誕生するが、それぞれの規模はさほど大きくないため、その影響力は限定的とみなすのが妥当だろう。要するに、大衆レベルの大きな力を発揮することは考えられないので、Web2.0の力だけでは「お祭り」現象を起こすのは無理なのである。

ということは、これらマタイ効果によるネット情報の一元化といった説明もまた、「お祭り」という社会現象を説明することはできない。言い換えれば、Web2.0は「お祭り」を扱わないというより扱えない、つまり説明できないのだ。

技術決定論が陥る罠としてのテクノロジー二元論

ではなぜWeb2.0は、近年頻発する「お祭り」を扱えないのだろうか。

理由は簡単である。Web2.0論者たちはいずれも、ウェブ内のことしか問題にしていないからだ。いうなれば、これはWeb2.0一元論である。肯定論であれ否定論であれ、こういった一元論的議論は新しいメディア・テクノロジーが誕生する際に必ず発生する現象であり、メディア論をちょっとかじったことがある人間なら誰でも思いあたる「いつか来た道」なのだ。たとえば、一九五〇年代後半、わが国にテレビが登場しはじめた頃には、テレビというメディアをめぐってやはり賛否両論が巻き起こった。肯定派は「世界を見せてくれるすばらしい箱」とみなし、これを床の間に置いて崇め祭った。いわゆるカーゴ信仰である。一方、否定派は、たとえばノンフィクション・ライターの大宅壮一が「一億総白痴化」と評したように、テレビのせいで人々の思考行動様式が一元化していくと警鐘を鳴らした。また、テレビからはある種の電波や光線が出ているので危険だという指摘もされ、ブラウン管の前に置くフィルターが販売されたりもした。つまり、新しいテクノロジーについてはこれまでのコード/常識では説明がつかないため、まずは既存のメディアに対する図式/認識を用いて肯定論・否定論が展開されるのが常なのだ。これは、いわゆるメディア・テクノロジーの技術決定論（技術が社会を規定する）的な立場に立つ認識だ。

しかしながらテレビは普及した。そして、結局はどちらの主張も的を射ていないことが判明していった。それは、テレビというメディアの普及に伴って、テレビの利用方法が次第に形成され、ほかのメディアとの使い分けがなされ、相対化されて、日常生活のなかに組み入れられていったからだ。ちなみに、同様のことはカメラ（魂を抜かれるからと撮影を拒否する者がいた）やラジオ（ラジオは通信機の普及手段として広がり、やがて通信機能を切り離すという技術レベルをダウンさせることで普及した）の発明と普及の際にも発生している。

Web2.0論者たちはオタクな議論をしている

このテレビ普及初期とまったく同じような議論が、いまWeb2.0に関して起きていると考えれば、話はわかりやすい。まず賛否両論が沸き起こるのだが、いずれにしろ議論は社会的文脈を踏まえることなく、技術決定論的な文脈でだけ語られる。つまりWeb2.0論者たちはWeb2.0を、Web2.0の内部でしか考えていないのである。言い換えれば、インターネット／Web2.0が社会全体の文脈のなかで、あるいはほかのメディアとの関わり合いのなかで、人々にどのように受容されるのか、それによって人々の思考行動様式をどのように規定していくかについての視点が欠落しているのだ。極論してしまえば、肯定派・否定派ともインターネット／Web2.0オタクのようなもので、彼らはWeb2.0という「セカイ」（＝テレビ、アニメのなかに作られる世界観）を、社会全体の「世界」（＝実際の世界）とイコールでつなげてしまっているということになるだろう。彼らは、肯定派であれ否定派であれ「Web2.0オタク」という同じ穴の狢なのだが、「お祭り」現象は彼らの議論の外に存在しているため、Web2.0論者はこれを扱えないのである。

テレビ影響論者もまた「お祭り」を扱えない

Web2.0論者には「お祭り」を扱うことはできないにしても、そのほかの論者によって「お祭り」が分析されていないわけではない。たとえば「お祭り」の典型である小泉劇場については、多くの論者がさまざまな視点から分析を試みている。そして、その際、焦点が当てられているのがテレビである。

たとえば香山リカは『テレビの罠』[4]のなかで、小泉純一郎がテレビ・メディアを徹底的に利用して、いうなればテレビ・メディアをペテンにかけてまで活用して、二〇〇五年の郵政選挙で圧倒的な勝利を遂げたことを分析している。評論家の小森陽一も、やはり小泉のテレビ・メディアを利用した「脳内コントロール」のプロセスについて『心脳コントロール社会』[5]のなかで分析している。小森は小泉がテレビを介して視聴者への無意識に直接的なはたらきかけをおこなうことで、国民をコントロールしたとみている。ちなみに、いずれの議論でも新聞というメディアはほとんど分析対象にされていない。

確かに、こうした社会現象でテレビの力が強大であることは否定できない。テレビは司法、立法、行政に続く「第四の権力」と呼ばれてきたが、これらの論者の主張からすれば、東国原知事が指摘したように、むしろテレビはいまや「第一の権力」である。

僕もこの見方を否定しない。そして後述するが、近年Web2.0論者がネットによって弱体化していると主張しているのとは異なり、テレビの力は、ある意味ではますます強力になっていると感じている。ただし、香山や小森はテレビ的側面（小森は広告も含めているが、これもどちらかといえばCMの分析である）を強調しすぎていて、「お祭り」現象をテレビの影響だけに収斂させてしまう傾向がある。それはWeb2.0論者と立場が変わっただけで、一元論・技術決定論的アプローチに終始している点ではまったく同じなのだ。彼らの分析では、インターネットがこれら「劇場」の要因として論じられることは少ない。先ほどの例えでいうなら、こちらは「テレビ・オタク」ということになってしまう。

3　テレビとWeb2.0を往還的に扱うことで「お祭り」は見えてくる

「テレビ＋Web2.0オタク」という立場からのアプローチ

そこで本書では、カルチュラル・スタディーズという研究分野でしばしば用いられている「重層決定」という用語を活用したい。これは「物事は一つの要因だけで決まるのではなく、諸要因が絡み合って決定する」という考え方だ。ただし、ややもすると単なる結論の先延ばしになり、議論を曖昧にしてしまう傾向もある。事実、日本のカルチュラル・スタディーズの研究では、しばしば「逃げ」の言葉として「重層決定」が登場する。要するに、「いろいろあるんだよ」ということだが、これでは何も答えていないに等しいだろう。

本書では「お祭り」が具体的にどのように重層決定されるのかを明らかにすることで、議論が曖味にならないようにしていく。ただし「お祭り」の決定要因すべてを検証することは、現実には不可能だ。そこで、ここで重層決定要因として取り上げたいのは、前記の二つ、つまりテレビとWeb2.0である。両者がどのように絡み合うことで「お祭り」が出現するのかを明らかにしていくのが、以降の本書の課題になる。自らの立場を少々自嘲ぎみに表現すれば「テレビ＋Web2.0オタク」ということになるだろう。ただし、これを人々がどう使うことで「お祭り」が発生するのかということを、あくまでも基調としたい。

そこから最終的に導き出したいのは、テレビ的要素とWeb2.0的要素をつなぎ合わせるものである。あるいは双方に通底するものといってもいいかもしれない。あらかじめ結論を先取りしておくなら、それは「物語の消滅」と「表出コミュニケーションの肥大」ということになる。人間は意味を欲望する社会的動物であり、そのため自己の立脚点としての物語とコミュニケーションを要求する。だがメディア・テクノロジーの進化とその変容によって物語が失われ、コミュニケーション・スタイルが「伝達」重視から「表出」重視へと変化しつつある。それが結果として「お祭り」という現象を発生させている。本書では、この流れで考察を展開していく。

強力なテレビの力

①テレビとWeb2.0、強力なメディアはどちら？

テレビの怪獣物に夢中な子どもたちがする「レッドキングとベムラーではどっちが強いか」と同じような議論で恐縮だが、テレビとWeb2.0はどちらが強力なメディアかを考えてみよう。結論からいえば、Web2.0論者には申し訳ないが、圧倒的にテレビに軍配が上がる。まず、受容している人口の規模が異なる。テレビを見ている人口とインターネットに接続している人口にはまだ倍近い開きがあるのだ。もちろんインターネット接続によってテレビ視聴時間が減少し、その結果、視聴率が低下し、テレビの広告収入が減少したというデータはあるが、テレビよりインターネットの方が接触時間が長い人々というのは実はまだまだ少ない。

また、メディア特性の違いからもテレビの強力さは説明できる。インターネットは自分から積極的にメディアにアクセスしなければならない「プル型」のメディアだ。インターネットに接続するには「情報を引き出す」という目的性が必要とされる。つまり何かを調べるという動機がなくてはならない。新聞社のサイトや「Yahoo!」などのポータルサイトで情報を消費するだけなら目的性は低下する。つまり暇つぶしにアクセスするわけだが、それでも当該のサイトまで向かうという主体性はやはり要求される。つまり、いちいち自分でクリックしなければならないのだ。

一方、テレビは「プッシュ型」のメディアだ。そこまでの主体性は要求されない。リモコン・スイッチをつけさえすればいい。もちろんチャンネルを選択するという主体性は必要だが、せいぜいそこまでである。そして、何もしなくてもテレビはひたすらコンテンツを流しつづける。ネット的に表現すればストリーミングを延々とやるわけで、これはユーザーにとってはラクだ。しかもテレビはマス／大衆を相手にしているため、コンテンツに資金をかけている分、ネットよりハズレは少ない（ただし、映画に比べれば質は落ちる。最近はテレビの広告収入減に伴って制作費が削減されつつあり、質の低下は著しい）。そこで、一日中テレビをつけっぱなしという人間も出てくるわけである

（なかには一人暮らしで寂しいので、一日中テレビをつけておくという人もいる。僕が知っているかぎり、こういった人たちは結構多い）。そのとき、テレビは watch、つまり「集中して視聴する」というよりも see、つまり「見えている」という視聴形態になっていると考えていい。see的な視聴形態ではほとんど主体性を要求されないため、テレビは純粋に消費的なメディアになっている。だから番組表をチェックするよりも、リモコンをガチャガチャいじって、いま放送されているなかから面白そうなチャンネルを選ぶというパターンが一般的になる。このようなテレビの見方を誰もがしているのではないだろうか（だからテレビはやめられないのだ）。いうなればテレビというのは極めて受動的で、主体性を必要としないメディアなのだ。インターネットに比べればはるかにラクで消費的で娯楽的なので頻繁にアクセスしやすいのである。

情報入手に関しても同様だ。インターネットの発達によってテレビニュースなどの情報コンテンツの必要性がなくなるとしばしば指摘されるが、実際のところこれは誤りだ。むしろテレビでニュースを視聴することと、ネットでニュースをチェックすることは、質的に異なる対メディア行動としてとらえる必要がある。インターネットの場合は「デイリー・ミー」[6]（＝Daily Me「私のための新聞」）のように個別のニーズに合わせた情報をチェックすることが考えられる。つまり、やはり目的性が高いインストゥルメンタルな情報アクセスとなる。もちろん、前述したように、ポータルサイトにチェックにいくことはテレビのニュースを見る行為に近いのだが、結局、ポータルサイトのニュースは新聞やテレビの情報を掲載したものなので、詳細を知りたかったり映像を見たければテレビのスイッチをつけることになる。いったんテレビをつければ、われわれはテレビが報道するニュースを延々と見つづける。see あるいは watch というかたちで。テレビのニュースは格好の暇つぶしのためのストリーミング再生コンテンツでもあるのだ（「YouTube」の比ではない）。このように、テレビとインターネットのニュースへのニーズは根本的に異なっている。したがって巷で指摘されるようなテレビがインターネットに飲み込まれるという話は、ちょっと考えられない。テレビはそのメディア機能をネットとは独立して備えているし、そしてWeb2.0によって新たな機能を付加されつつもあるのだ（もちろんネットによって奪われる機能もあることはいうまでもないが）。

②テレビ情報がコミュニケーションのメディアになる

メディア接触度と行動に対する影響力において、インターネットよりもテレビの方が圧倒的に強いことを裏づけるより強力な要因とは、テレビの情報の方がコミュニケーションの契機を広範囲に開く点だ。この側面でもテレビの方がネットよりもはるかに利用されている。

われわれが情報を入手しようとする動機は、その情報を何らかの有用な手段として用いるためというよりも、日常生活のコミュニケーションのネタ、つまり日常のとりとめのないおしゃべりのメディアとして利用するためであることがほとんどだ。そのネタにアクセスできる先としてまず向かうのがテレビである。たとえばニュースの話、ワイドショーネタ、昨日の『ＳＭＡＰ×ＳＭＡＰ』でのキムタクのダジャレ、こんなものがまずわれわれの話題の焦点になる。詳細は第7章の「お祭りとコミュニケーション」に譲るが、こうした情報を入手する目的は情報交換のためではなく、コミュニケーションの場を形成したいからだ。テレビのコンテンツが重要視されるのは、インターネットに比べて非常に多くのオーディエンスが視聴し共有している（しかも watch ではなく see というスタイルで長時間にわたって）ので、コミュニケーションのネタとして重宝するためである。要するに、テレビのネタ、とりわけニュースのことでも話題にしておけば、とりあえずその場のコミュニケーションはなんとかなる、場はもつというわけだ（それがテレビをつけっぱなしにする理由でもある）。しかし、ネット情報だと、こうはいかないだろう。コミュニケーションのためのネタとしては狭い範囲でしか有効にならない。

③テレビが取り上げないネット上の事件は事件ではない

そして、テレビが備える影響力として決定的なのが、われわれがどういったものを事件や出来事として取り上げ、認知するかについて、テレビがイニシアチブを有している点である。言い換えれば、事件や出来事とは、テレビからの情報によるもの、つまりテレビのネタだけを指しているといっても過言ではない。

だが、Web2.0的な立場からすれば、〝戦前だったらラジオ、一九六〇年代以降ならテレビだったかもしれないが、いまやこれらは「オールド・メディア」で、人々はもはやこうしたものからは情報や話題を取り上げない傾向にある。むしろ時代はインターネットだ。実際インターネットから発信され大衆が認知した事件もある〟と反論したくなるかもしれない。

しかし、インターネットから発信された情報で大衆が認知したものは、最終的にテレビが取り上げたために人口に膾炙したにすぎない。たとえば第2章で取り上げた「吉野家オフ」「マトリックス・オフ」や「田代まさし祭り」「折り鶴オフ」……こういったネット上で発生した「祭り」を、ネットに接続していない人がはたしてどれだけ知っているだろうか。おそらくほとんど知らないだろう。ところがネット上のネタでも「電車男」「嫌韓」「嫌中国」「のまネコ騒動」などになれば、知っている人間が増える。なぜか。ネット上で騒がれた後、これらをテレビが取り上げたからだ。つまり、テレビが取り上げなければネット上の出来事などは、限りなく存在しないに等しいということになる。(7)

逆に、ネットが取り上げなかったとしても、テレビが取り上げればそれは事件なのである（もっとも、テレビネタは間違いなくインターネットのネタになるため、結果としてそういったことはほとんど起こりえないだろうが）。

テレビの強力さをまざまざと感じた個人的体験をここで一つ紹介したい。僕はメディア論が専門の大学教員という職業柄、マスメディアに顔を出すことがある。媒体は単行本、雑誌、新聞、ラジオ、テレビ、そしてインターネットなどだが、新聞ではこれまでいくつか連載を抱え、ラジオではコーナーを担当し、テレビでは報道番組のレギュラー・コメンテーターを務めた経験がある（ラジオ・テレビとも宮崎だけ）。ネット上でも「カオサンからアジアへ」(8)というウェブサイトとブログ「勝手にメディア社会論」(9)の二つを運営している。これらのうちで、僕の知名度が上がったのはもっぱらテレビだった。新聞には社会時評をそれなりのスペースで連載していたのだが、ほとんど反応はなし。ラジオを聴いている人間などいるのだろうかというくらい知られていない（はっきりいって、僕自身も中学校の給食の時間に放送部のスタジオでオンエアーしているような感覚に近かった）。雑誌も同様で、全国誌だったとしても、どうということもない。唯一、単行本が力をもっていて「Google」に掲示されているが、これもネット上の書籍販売サイトがヒットする程度である（まあ、そもそもがメディア研究者の端くれゆえ、そんなところかと思うのだが）。

ただし、テレビはまったく別だ。たとえば十年も前に出演したテレビ番組（これはNHK大阪だった）のことを突然、面識のない人に指摘されたことがあった。宮崎ではローカル放送に出演していたため、道端で突然、見知らぬ人に挨拶されたり、親しげに話しかけられたりした。初見の人との面談でも、テレビに出ていると知っていると、相手の態度がすでに違っている。テレビというのは実に多くの人間が見ている強力なメディアなのだ。それはとりわけローカルエリアでは強く当てはまることかもしれない。

テレビの力は相変わらず強い。いや、むしろ以前より強力になっている面もあるといえる。

4　メディアはメディア空間のなかで語られなければならない

メディア空間とは

テレビとWeb2.0のメディア的な影響力についてはテレビ>Web2.0という図式を確認できたと思う。では、インターネットにはWeb2.0論者が言うような強力な力はまったくないのかといえば、それも間違いだろう。われわれは情報化社会のなかでさまざまなメディアを使い分けている。テレビ、インターネット、ケータイ、ＰＯＳ、ユビキタス・コンピューティングなどだが、これらは一連の情報ネットワーク・システムを形成している。社会学者の中野収はこれらをまとめてメディア空間[10]と呼んだ。メディア空間とは、日常生活で人間が接するあらゆる対象がメディアとなり、メディアから直接・間接的にインプット・アウトプットした情報によって思考・行動一般が形成されるようなメディア・ネットワーク環境を意味する。このときメディアとはメディア機器（テレビ、ラジオ、コンピューター、各種電話など）、メディア機器を介在させる情報ネットワーク（テレビ・ラジオのネットワーク網、インターネット、電話回線網、POSに代表される流通ネットワーク網など）、さらにはこれらの機器・システムを運用する際、末端となるメディア（新聞、雑誌、書籍などの出版物、CD、DVDなどの音楽・映像メディア媒体など）を指している。また、コンピューターを組み込むことで、生活の利便性を向上させる機器（電子炊飯器、インバーター・エアコンなど）もまた、広義ではメディア空間を構築するものとみなす[11]。

この用語を援用するならば、テレビもインターネット／Web2.0も、そうしたメディア空間という包括的な概念の下位に位置づけられるメディアであり、相互に何らかのかたちで関わり合うことによってわれわれの思考行動様式を規定しているといえるだろう。つまりテレビはインターネットに、インターネットはテレビに（そして、前記のメディアはそれぞれ相互に）影響を与え合い、それらの総体が情報社会での人間の新しい思考スタイルや行動スタイルを形成しているはずだ（そしてそれらの相互関係のなかで、それぞれのメディアの機能や特性が規定されているはずだ）。だから「お祭り党」の出現も、そういった重層決定の文脈で語ることが必要だろう。たとえばいわゆる小泉劇場は、テレビ・メディア至上主義的な立場をとっている香山リカが指摘するような単なる「テレビの罠」としてとらえるわけにはいかない、むしろ「メディア空間の罠」なのだ。もちろん、いちばん強力なのがテレビだったことに間違いはないだろうが、それでもテレビというメディアだけで、小泉劇場を語ることはできない。そこで、以下の分析では、テレビに焦点を当てながらも、Web2.0との関連を紐解きながら「お祭り党」の存在を解明していく。

本書の用語の出所はネットからなのだが……

本書では主としてインターネット上、とりわけ「2ちゃんねる」上で用いられる用語や現象をヒントに概念化をおこなっている。前述したように「お祭り」は「祭り」に基づいており、「お祭り党」は「2ちゃんねる」からしばしば出現するといわれるフラッシュ・モブを下敷きにしている。したがって、本書の立場こそ、インターネット／Web2.0（「2ちゃんねる」をWeb2.0とすればの話だが）的ではないかと指摘を受けるかもしれない。

だがそうではない。むしろ僕は次のようにとらえている。情報社会＝メディア空間で起きている事態が、典型的かつ理念的なかたちで現象しているのがインターネット上での出来事であり、それがたとえば「炎上」や「荒らし」なのだ。インターネット上の出来事は、実はリアル社会／メディア空間でも発生しており、同じことがネット上でも発生しただけ。ネット上は規模が限られていてイメージしやすいため、参考にしただけなのだと。情報社会では名づけようもないさまざまな現象が起きている。それをここでは「お祭り」「お祭り党」と名づけたのだ。

要するに、インターネットの「祭り」によって「お祭り」が生じたわけでも、フラッシュ・モブから「お祭り党」が生まれたわけでもなく、むしろ本書が「お祭り」や「お祭り党」と名づけた現象があるから、ネット上の「祭り」やフラッシュ・モブも発生したととらえている。このように、インターネットが現代社会／メディア空間を変容させるのではなく、現代社会／メディア空間が変容し、その象徴的な現象がネット上で発生していると考えた方が、すっきりした説明になるのではないか。少なくとも、ネットで起こっていることとネット以外で起こっていることとの関係性を踏まえることだけはできるはずだ。

このようにとらえることで、メディア空間／情報社会でのモノの見方はがぜん変わってくる。つまり、Web2.0論やテレビ論の一元論的でオタク的な閉鎖性を乗り越えて、テレビとWeb2.0を統合した分析をおこなえるようになる。「メディア空間」という、より広い文脈で現代をとらえることができるようになるのだ。

「お祭り」を考察する意義

最後に、「お祭り」や「お祭り党」を分析対象にすることの意義について述べておきたい。マクロ的な答えを述べてしまえば、ポストモダンの社会でわれわれはどう生きるべきか、を探るためである。「大きな物語」が解体し、人々は拠って立つ場所を失ってしまった。そうしたなかで、今後どういう関わりを社会ともつことができるのかについて考える際、頻繁に発生していながら考察されることがないこの「お祭り」という現象を取り扱うことは、メディア空間全体を分析するうえで極めて重要だと思われる。最初に断っておくが、「お祭り」が起きることも、「お祭り党」が出現することも、メディア空間／情報社会の必然だと僕はとらえている。だから、それ自体に価値判断をするつもりはない。つまり、この現象とどう付き合うかについて考察することが本書での僕の最終的な課題となる。ちなみにその結論をあらかじめ述べておけば、「「お祭り」を延々と続けること」、そして「「お祭り党」員として「お祭り」を飼い慣らすこと」である。

注

(1) ジェームズ・スロウィッキー『「みんなの意見」は案外正しい』小高尚子訳、角川書店、二〇〇六年

(2) 梅田望夫『ウェブ進化論——本当の大変化はこれから始まる』(ちくま新書)、筑摩書房、二〇〇六年

(3) メディア論者の有馬哲夫は、マクルーハンのグローバル・ビレッジの議論が、本人が展開した内容とは異なったかたちで社会に受容されていることを指摘している。マクルーハンがいうグローバル・ビレッジ/地球村とは、かつて共同体に存在した「村」の要素を世界全体が抱えることになるということを指摘しただけで、彼の立場はニュートラルなのだが、彼を批判する論者たちはこの議論を「牧歌的で楽観的すぎる」と糾弾した。ビレッジという言葉が備えるイメージ/コノテーションは一般には友愛に満ちた「人間的な関わり合い」だが、批判者たちからすれば、情報化社会はもっと複雑だ、という主張になる。だがマクルーハンの主張は「村の性質そのものの世界大化」にすぎず、そこでは村がもつメリット(顔が見える、融通がきくなど)も、デメリット(村内部での不断の闘争状況、しがらみなど)も平等に抱え持つという意味なのである。有馬の解釈からすれば、グローバル・ビレッジの批判論者はもちろんのこと、梅田のような肯定論者もまた、マクルーハンを誤読したうえで議論

しているという点では同じだということになる（有馬哲夫『世界のしくみが見える「メディア論」――有馬哲夫教授の早大講義録』宝島新書、宝島社、二〇〇七年）。

（4）香山リカ『テレビの罠――コイズミ現象を読みとく』（ちくま新書）、筑摩書房、二〇〇六年

（5）小森陽一『心脳コントロール社会』（ちくま新書）、筑摩書房、二〇〇六年

（6）マサチューセッツ工科大学のニコラス・ネグロポンテによる概念。自分のニーズに合った情報だけを伝えてくるインターネット・サービス。

（7）「田代まさし祭り」はネットだけで盛り上がった話題の典型だ。これは二〇〇三年、アメリカの「タイム」誌が今年の顔となる人物「タイム・オブ・ザ・イヤー」を決めようとインターネット上で投票を始めたところ、投票中、突然、不祥事によって芸能界から追放されていたタレント、田代まさしがトップにランクされた事件である。これは「2ちゃんねる」上のスレッドで呼びかけがおこなわれ、それに応じた2ちゃんねらーが次々と投票したために発生した「祭り」だった。

（8）http://homepage.mac.com/khaosan/

（9）http://blogs.yahoo.co.jp/mediakatsuya

（10）中野収『メディア空間――コミュニケーション革命の構造』勁草書房、二〇〇一年

（11）この中野の考え方はテクノロジーすべてをメディアととらえるマクルーハンの立場に近い。ちなみにマクルーハンは自動車までもメディアとしてとらえていた。

第5章　物語の終焉——「お祭り」のマクロ構造1

1　「お祭り」の深層にメスを入れる

いまやさまざまな分野で発生し、日本中を「お祭り」のなかに巻き込んでいるのが「お祭り党」だ。前章までは、その表層である現象面をみてきた。ここからは、なぜ「お祭り党」が結成されるようになったのかを、深層、つまり構造的な側面から理論的に明らかにしていこう。「お祭り党」が出現するのは情報化社会の必然であると僕は指摘してきたが、ここではそのメカニズムをマクロとミクロの二つの視点から明らかにしていきたい。その際、マクロ分析については「物語の消滅」（第5・6章）、ミクロ分析については「コミュニケーションにおける表出機能の肥大」（第7章）という、時代とともに起きた二つの変化について触れていく。つまり「お祭り」を発生させている要因を、この二つの流れのなかに位置づけていくことにする。

なお本章の展開に際して、キーワードとして物語、自己、他者、アイデンティティ、共同体、想像の共同体といった用語を使うが、これらについては順次説明を加えていく。

２　共同体

もはや共同体は存在しないのか？

まず、共同体という概念について確認しておこう。共同体とは community の訳だが、辞書の定義としては「同じ地域に居住して利害を共にし、地縁や血縁によって政治・経済・風俗などにおいて深く結び付いている社会（地域社会）」を指す。単純化すると、人々が住まう空間＝社会を意味しているのだが、現代人が住まう空間とは少し違う。つまり、共同体とはかつて人々が暮らした空間＝環境＝社会を指している。言い換えれば、現代社会では原則的にはもはや失われてしまった環境、あるいは質的に劇的な変容を遂げた環境ととらえられるものである。

共同体＝世界

近代以前、人間は共同体（community）という揺籃《ゆりかご》のなかに運命的に生まれ落ち、暮らし、死んでいった。ムラ社会が典型だが、人々は限定された空間に事実上拘束されており、比較的小さな集団のなかで互いが衣食住、労働、余暇に至るまで重層的に関わり合いながら生活を営んでいた。それはさまざまなしきたりや因襲に満ちた堅牢な社会構造からなる閉鎖的な社会であり、共同体の構成員はそのなかに埋め込まれることで安定した生活環境を構築することが可能だった。人々は生まれ落ちた共同体の慣習や地域性といった文化全体を、対象化／意識することさえなく、身体／無意識に浸透させていた。つまり、他者と交わるうちに知らず知らずに文化を学習し、自らの行動に反映させていた。「何も考えなくてもすべてが自動的に流れていくような環境」が用意されており、それに人々は身を委ねていたのだ。

また、こうした共同体の外に出ることもほとんどなかった。そのため共同体のなかで生きる人間にとっての世界認識は共同体＝世界であり、その向こうには世界はないという感覚に近いものだったといえるだろう。

絶対化と相対化

ここでは「共同体」と「想像の共同体」（詳細は後述）の区分を明確化するために、二つの概念装置を提示しておきたい。とはいうものの、ここで持ち出す言葉は日常的に用いられている「絶対化」と「相対化」という言葉にすぎないが、この二つについて詳しくみていこう。

①絶対化＝決め付け

まず絶対化とは、「モノ・コトをたったひとつの視点からとらえること」を意味する。いうなれば「決め付け」だ。図3に示すように、aのような視点である。絶対的な視点は、学習や行動の基礎を形成している。たとえば、リンゴの山からいくつか取り出してその数を数えるとき、私たちは絶対化した視点に基づいてこの作業をおこなっている。リンゴはそれぞれ形状も大きさも異なって

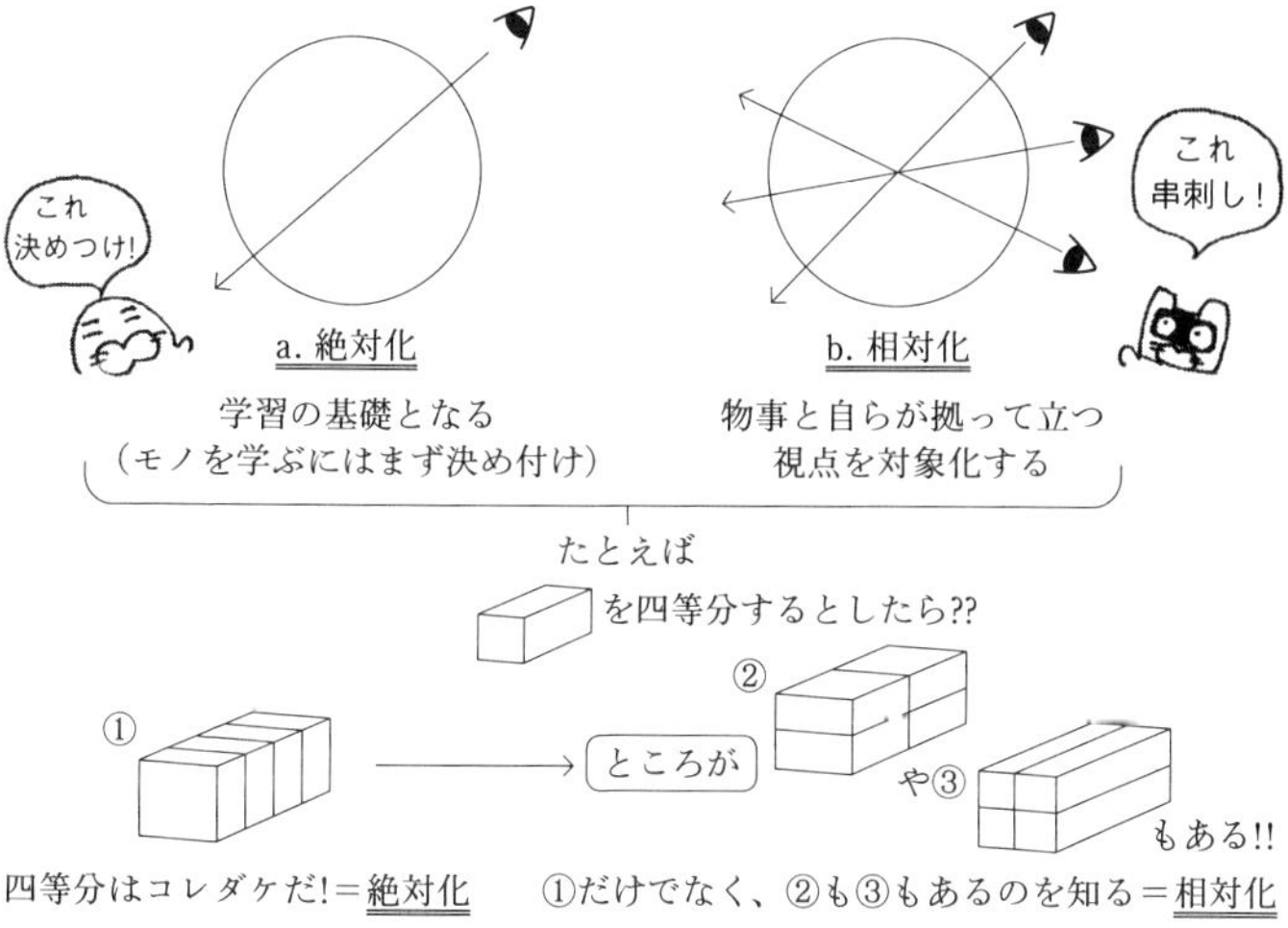

これ
決めつけ!
a. 絶対化
学習の基礎となる
（モノを学ぶにはまず決め付け）
これ
串刺し！
b. 相対化
物事と自らが拠って立つ
視点を対象化する
たとえば
を四等分するとしたら??
①
ところが
②
や③
もある!!
四等分はコレダケだ!＝絶対化
①だけでなく、②も③もあるのを知る＝相対化

図3　絶対化と相対化——決め付けとさまざまな視点の串刺し

いるにもかかわらず、どれも「一個」という単位で扱われるからだ。このようにそれぞれの違いを無視して、「一個」という単位に「決め付ける」ことによって、リンゴは客観的に計量可能な、つまり「見える」ものになる。

モノやコトに名称を与えるという言語のはたらきもまた、絶対化に依存している。ひらひらと空中を舞う虫に「蝶」と名づけることによって、それはほかの空を舞う虫である蛾やハエ、鳥などとは分類され、区分と認識が可能になる(1)。

このように絶対的な視点は、決め付けによって世界を分節化し、計量可能な「見える」ものにする反面、それ以外のモノを「見えなくする」機能ももっている。

たとえば、算数の時間に教員が次のような問題を生徒に出したとする。「十六センチの直方体の角材を四等分すると、一本は何センチか」。これに対して生徒のほとんどは十六割る四、と計算し

「四センチ」と解答するだろう。しかし、解答はさらに二つ考えられる。一つは十六センチ（縦に細長く四等分する）、もう一つは八センチ（十六センチの角材を横に二等分した後、それぞれを縦に二等分する）だ。しかし、算数の割り算というコードと算数の問題を解くというルール（この場合、横に四等分する）で訓練されてしまっている生徒には、さらに二つの解答の可能性があると気づくことはなかなか困難だ。これが絶対化がもつ「見えなくする」機能である。

②相対化＝さまざまな視点からの串刺し

一方、相対化は「モノ・コトを複数の視点からとらえること」を意味する。いうなれば「さまざまな視点からの串刺し」だ。図3のbのようになる。相対的な視点は、物事の対象化を促す。一つの事象をあちこちから眺めることで、事象をいわば複眼的・立体的にとらえることができるようになるのである。

だが、相対化で重要なのは、複眼的に事象をとらえることだけではなく、視点を変えることによって、それまで自分がとっていた立場＝絶対的な視点を対象化し、観察者の視点から眺めることを可能にする点にある。つまり、自分は事象をどう見ているかを他者の視点から自らに対して提示可能になるのだ。

このように考えれば、実は前記の絶対化を説明した図3のaが、誤りであることがわかる。もし人間が絶対的な唯一の視点しかもちえないならば、その視点がどのようなものであるかを確かめる術はなく、そのため自らの視点を対象化することなど不可能になる。ということは、自らの視点がどのようなものであるかを自覚することもなく、この視点を用いているということになる。つまり、絶対化の視点しかもちあわせていない人間は、この視点＝→を獲得することは決してできない。言い換えれば、図3のａは絶対的視点しかもちえない人間の視点を、相対的な視点を備えた第三者＝観察者がとらえた図にすぎない。相対化とはこのように、自らの視点＝→を第三者の視点からみることを可能にする。

外部に出ないということは、外部と内部の区別がないということ

話を共同体に戻そう。共同体という狭い世界に暮らし、そこから出ていくことがないということは、事象を対象化できないということを意味する。前述したように、人間が事象を対象化、つまり相対的にとらえるためには複数の視点、言い換えれば「他者の視線」をもつ必要があり、自らの視点は他者の視点からみることではじめて認識可能になるからだ。ということは、これをもたない共同体の人々は「共同体」も「自己」＝自らの存在」も対象化できていなかったことになる。まず共同体についてだが、自らの共同体を対象化してみるためには必然的に複数の環境に接し、自分が所属する以外の共同体の視点から共同体をみる必要がある。つまり、いわば「世界」の向こう側へ行き、そちらの方から共同体を眺め直さなければならない。あるいは文字や活字などのメディアを通してヴァーチャルなかたちで、これと同じ視点を獲得しなければならない。

しかし共同体の人間は原則として共同体から出ることはない。また、そうした時代にはリテラシー＝識字率が極端に低かったため、ヴァーチャルな意味でも外へ出ることはできなかっただろう。したがって、共同体の外部から自らが所属する環境＝共同体を観察する機会をもちえないというこ

とになる。つまり、自分が所属している社会＝共同体が唯一の社会＝世界であり、それ以外は知らないということなのである。

だが、外部がわからないということは実は内部もわからないのだ。絶対化―相対化の議論を敷延すれば→＝自分の視点を知りえない、さらに、外部と内部というとらえ方さえできないということになる。何も考えなくても共同体はそこにある。あるいは、そこにあるということさえ意識しない状態ということになる。共同体＝社会はフリードリヒ・ヘーゲルの言葉を借りれば即自的（an sich）なもの、一体不可分で認識不可能なものだったのだ。

他者がいないということは自己がないということ

次に自己についてだが、共同体内では、人々の行動は、自分と他者を区別するのではなく、他者の行動に身体的に同調することを原則としていた。学習も含めて行動の基本のほとんどは、無意識の同調のなかで培われていたのである。集団的な行動パターンが共同体の構成員すべてに浸透していて、「対象化された個人」という単位での行動はほとんど存在しなかった。つまり自己＝私という認識は構成員のなかに埋め込まれているがために他者と一体不可分で、共同体同様、認識できないもの＝即自的なものだったのだ。必然的に、こちらも→＝自分の視点を知りえないということになる。そして、それは個人と他者の明確な区別が存在しなかったことをも意味する。そのため、今日、われわれが自らを語る際に用いる「内面」（「私の性格を説明しなさい」と促された際に、自らが語る自分自身の性格などについての特性）の存在もまた、なきに等しかった（それは自らは知りえず、外部の第三者だけが語ることができるものだった）。人間は共同体構成員のなかに徹頭徹尾、埋め込まれていたのだ。[2]

便宜上、ここで述べた共同体での「即自的な自己」を近代的な自己と区別し、以降では自己（ego）とカッコなしで表記することにする。

共同体と個人／自己（ego）は、この時点では共同体構成員にとって即自的なものでしかなかった。つまり、構成員は「いま、ここ」という世界で、その世界や自らを分節／認識することもなく、所与＝当然のこととして、空気のように位置づけていた。言い換えれば人々は、共同体に属していることも、自分が自分であるということも、ほとんど認識していなかったのである。

こういった社会はフランスの社会学者エミール・デュルケイムの言葉を借りれば「環節社会」と呼ぶことができるだろう。[3] 人々は一様で、身体的な同調で役割が取得されているために、それぞれの機能がほとんど同じだった。いわば、ミミズのように社会が同じパーツ＝環節から構成されていて、それらは置換可能なうえ、さらにそれぞれが溶け合っていて、一体不可分な社会だったのだ。

3 「想像の共同体」の出現

近代に入ると、この基盤のうえに合理主義が進展していく。目的に対する手段の最適性を旨とする思考一般が人口に膾炙し、一貫性のある統合的な思考形態を他者に向けて対象化しながら明示することが至上命令となっていくのだ。いわゆる近代主義の誕生である。

その登場にあたってヨハネス・グーテンベルグによる活版印刷の発明が関与したことは、マクルーハン[4]やベネディクト・アンダーソン[5]が指摘しているように、現在、メディア論では定説になっている。それまでは部族語や地域に根差した独自の言語、つまり比較的狭い地域だけで通用するローカルな言語が、もっぱら〝声〟、つまり会話によって使われ、これが通用する範囲（声が届く、そして届いた声＝ローカルな言語が通用する範囲）が実質的な共同体＝構成員にとっての世界のすべてであり、個人の活動範囲だった。前述の比喩を用いれば、この部族語が通用しない世界は「共同体＝世界の向こう」であり、知りえない別世界だった。しかも共同体の人々にとっての言葉＝言語は、これだけしかない。それは言い換えれば、共同体構成員が、その声を対象化して聞く耳をもっていなかったということでもあった。

だが、活版印刷の発明によって大量印刷が可能になり、同一の言語からなる書物が広範囲に普及することで標準語が成立すると、標準語に対するリテラシー＝読み書き能力が向上し、多くの人々が、声からなる部族語とは異なった対象化された〝文字〟〝活字〟＝標準語を使ってコミュニケーションをおこなうようになる。すると、自らの言葉が通用する範囲は部族語の時代よりもはるかに拡大していく。

当然ながら、同じ言葉＝標準語を使う人間は同じ共同体に所属するという認識を抱くようになる。加えて、それまでとは異なり、共同体が文字＝活字によって対象化されることで人々は即自的な共同体から飛び出し、共同体を「書かれたもの」として観察者の側から眺める視点、言い換えれば共

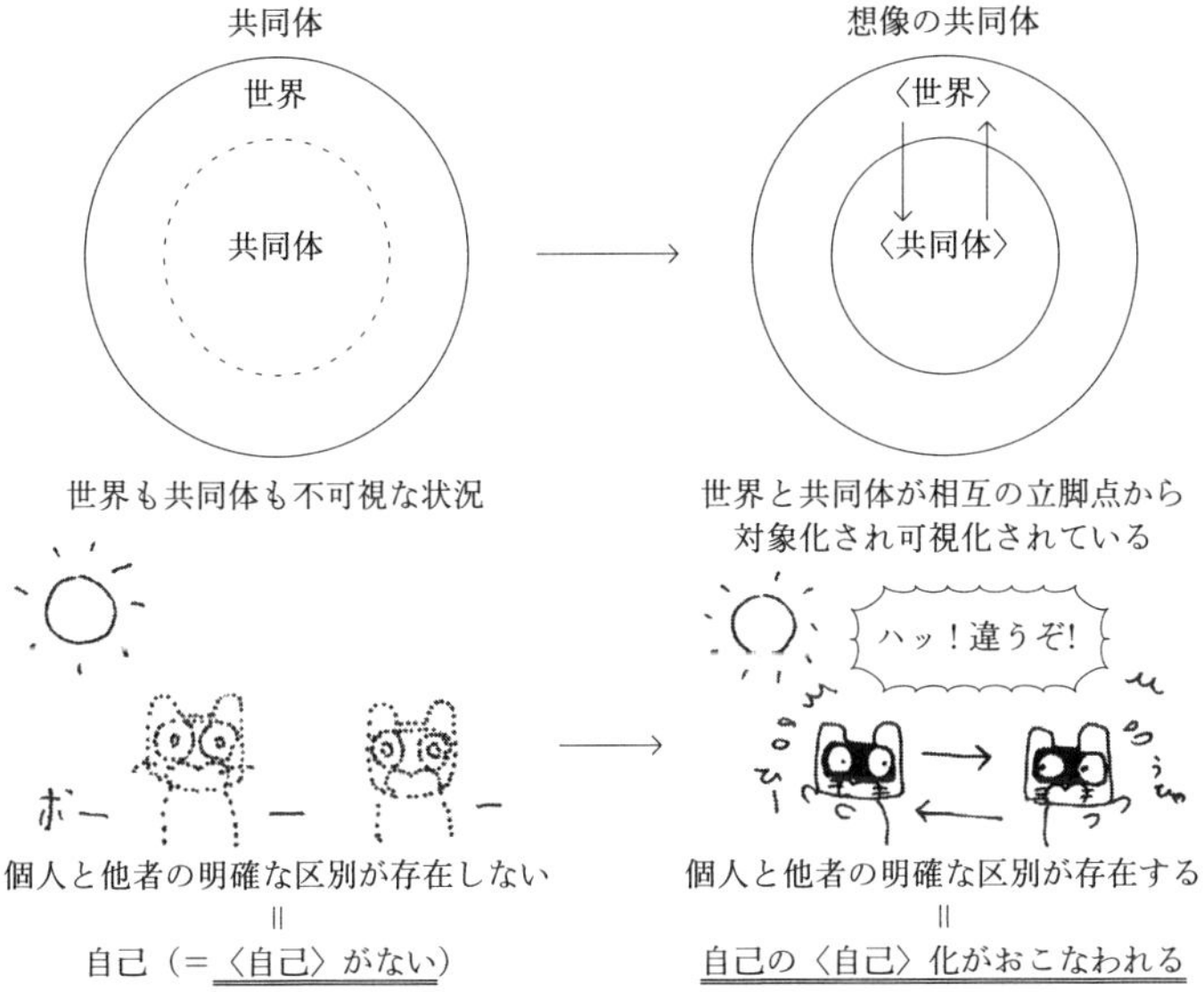
共同体
世界
共同体
世界も共同体も不可視な状況
想像の共同体
〈世界〉
〈共同体〉
世界と共同体が相互の立脚点から
対象化され可視化されている
ぼー
個人と他者の明確な区別が存在しない
＝
自己（＝〈自己〉がない）
ハッ！違うぞ!
個人と他者の明確な区別が存在する
＝
自己の〈自己〉化がおこなわれる

図4　絶対化＝共同体、対象化による相対化＝想像の共同体

同体に対する相対化された認識を獲得するようになる。これは「想像の共同体」による国民国家＝イメージとしての国家の成立を意味していた。「フランス語を使う人々はフランスという国家に所属するフランス国民」といった認識がなされるようになるのである。また、活字＝標準語を介することで、人々はそれらを通して自らの物理的・肉体的な活動範囲の限界を超え、共同体の外部をイメージすることも可能になった。「フランス語が通用しないエリアにはまた別の言葉があり、その言葉を標準語とする領域に国家がある」というように。[6]

確認しておこう。このように活字化された標準語によるリテラシーの向上は、共同体外部の対象化と相対化、そして外部との関係で内部、すなわち自らの立脚点についての認知、言い換えれば自らの共同体の対象化と相対化をもたらすことになった。所属する共同体(ムラという community)＝世界(microcosm)という図式が崩され、活字を通して認知したより広い〈世界〉(macrocosm)という立脚点に基づいて、自らの共同体を〈世界〉の一部である〈共同体〉(society)として位置づけることになったのだ。共同体を〈共同体〉として対象化する、すなわちイメージとして自らに明示・認知することが「想像の共同体」としての近代社会、さらには国家意識の誕生となった。以降、「想像の共同体」はかつての共同体との区分上、山カッコで括り〈共同体〉と表記しよう。

一方、このようにして共同体を〈共同体〉、つまり対象化・イメージ化・抽象化することは、共同体を〝携帯可能〟なものにすることでもあった。言い換えれば、共同体は所属集団的＝実際に暮らす場所的なものから準拠集団的＝その実在はともかく自分が所属すると認識するイメージ的なものへと移行していった。これはテクノロジーの進化によって移動圏を飛躍的に拡大させた近代人にとっては極めて都合のいい、自己同一性獲得の手段になった。われわれはどこに行っても共同体に所属していることをイメージとして実感することができるようになったのである。

4　近代的自己の成立

自己の〈自己〉化

共同体が「想像の共同体」＝〈共同体〉として対象化されることで、自己(ego)もまた対象化されていく。自己とは英語で self と表記するが、myself、yourself という単語からもわかるように、self は機能としては再帰代名詞に属する。だが自己は矛盾に満ちている。たとえば「指さし」という行為を考えてみてほしい。「指さす」という行為はその先に指さされる対象が存在し、その際「指」は指し示すものの代用＝インデックスとして機能している。そのため原則的に、指さされているものは指さしている当事者以外のものだ。ところが自己とはこの指先が自分の方に向かっている状態なのだ。つまり自分以外のものを指す行為によって自分自身を指さしてしまう。腕をクルッと回して自分の顔を指さしている。そのとき、その指は誰の指であり、指されている顔は誰の顔なのだろうか。指さす主体と指される客体が同一のものになっているとき、指さしている他人が自分になるという、極めて矛盾した状況が生じる。

これを概念的に説明すれば「自己とは、いったん自らを他者化し、その他者を自分自身として再び受け入れたもの」ということになる。言い換えれば「他者化された自分」こそが自己である。これは自分が自分自身から脱却し、他者の視線に立って、第三者の視点から自分を観察することによって可能になる。つまり、自分自身の対象化＝自分自身の他者化が前提とされるのだ。だからこそ自己は再帰＝selfと表現されるのである。言い換えれば、自己は相対化の視点の獲得によって、はじめて成立するものである。

自己イメージの形成

前述したように、共同体の時代にはこういった対象化されたかたちの自己＝self はほぼ存在しな

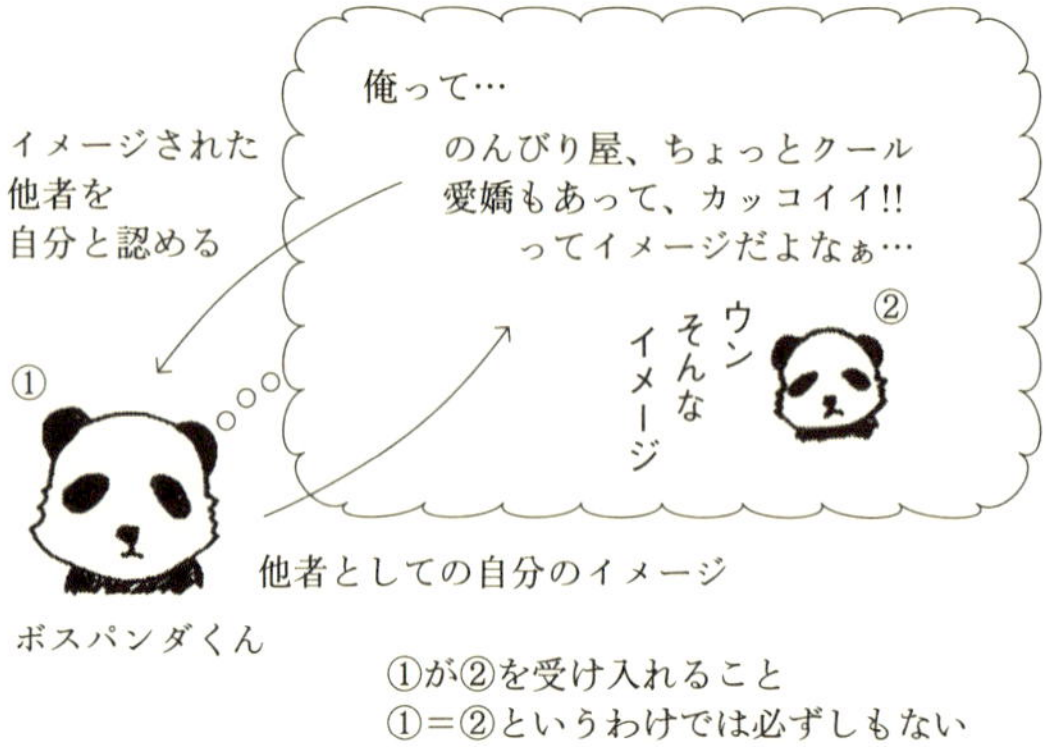

俺って…
のんびり屋、ちょっとクール
愛嬌もあって、カッコイイ!!
ってイメージだよなぁ…
②
ウン
そんな
イメージ
イメージされた
他者を
自分と認める
①
ボスパンダくん
他者としての自分のイメージ
①が②を受け入れること
①＝②というわけでは必ずしもない

図5　自己のイメージの形成——ボスパンダくんの自己イメージの形成

かったといえるだろう。学習過程のほとんどが周囲の人々との同調によるものである絶対化された世界のなかにあって、相対的な視点から物事を対象化するという行為自体が不可能だったからだ。だから共同体のなかでは構成員のほとんどに「私」は存在しなかったに等しい（ただし、リテラシーを獲得している場合は必ずしもこれに該当しない）。そこにあったのは、前述したような即自的な自己（ego）、つまり感情によってうごめき、他者と同調しつづける主体だったのである。以降は、イメージされる自己＝selfを示す場合、イメージされる共同体を〈共同体〉と表記したように、こちらも山カッコで括り〈自己〉と表記する。

繰り返しになるが、自己（ego）の時代には、自己は対象化されておらず、そのため個人は基本的に自己が自己であることさえわからないという状態だった。それは言い換えれば、他者（alter）というものも〈他者〉（other）、つまり対象化された他者としては認知されなかったということでもある。共同体とは人々が壺のなかで煮込まれて一体となった状態であり、それは個人も他者もないということに等しかった。そのためにこそ、この時代の人間は自らの内面（たとえば、自分の性格）を語ることができなかったのである。

アイデンティティ――必要条件としてのＩとMeの統合

近代に入り、対象化されたかたちの〈自己〉が成立する。自己論では〈自己〉が成立するためにはアイデンティティ＝自己同一性の確立が必要ととらえているが、では、アイデンティティとは何だろうか。

ＩＤカードを思い浮かべてほしい。いわゆる身分証明書のことだが、これもまた〈自己〉同様、不気味な存在である。というのも、あなたの存在があなた自身でなくＩＤカードという「分身」＝モノによって証明されるからだ。このＩＤカードのＩＤこそが identification（identityの名詞）の略号なのだ。

アイデンティティの確立とは、自分が自分であることについて確証できること、つまり自ら他者として提示した〈自己〉を自分のものとして受け入れることができること、言い換えれば〈自己〉＝他者化した自分を、それが自分であると同意できることを意味している。

ここではわかりやすいように、アイデンティティ成立が困難となる場合、つまり自己を受け入れがたい状況である「自己嫌悪」のメカニズムを例にとって説明しておこう。自己嫌悪とは、たとえば以下のような状況で発生する。

人前でプレゼンテーションをおこなうことになった。そこで最高のプレゼンをすべく原稿をみっちりと練り込み、練習を何度も重ねて本番に臨んだ。ところが、本番では緊張のあまりしどろもどろになり、お粗末なプレゼンになってしまった。終了後、自分は深く落ち込んだ。この状態が典型的な自己嫌悪だ。

これをアメリカの社会心理学者ジョン・ハーバート・ミードのIとMeの概念を用いて考えてみよう。(7)普段われわれは、日常的な行為が円滑に流れているときには、〈自己〉を意識しない。言い換えれば、アイデンティティが成立しているので〈自己〉をイメージする必要がない。〈自己〉を意識するのはこの円滑な流れに変化が生じた場合だ。一つは円滑な流れ以上に行為が円滑に流れたり、あるいは円滑な流れが何か快適な状況を生み出すような場合である。もう一つは、円滑な流れが阻害されてしまう場合だ。そして自己嫌悪は後者の状況で発生する。

プロセスは次のようになる。おこなった行為が円滑に流れなかったり、ストップしてしまった瞬間、私たちのなかに二人の自分がイメージとして浮かんでくる。一人は行為者としての自分だ。つまり、しどろもどろになり「うまくいかなかった私」だ。これが、自分のなかに現れた自己のイメージ＝〈自己〉である。しかしこれだけでは、うまくいったかいかなかったかは実はわからない。「うまくいかなかった私」をイメージするためには、そのような状況で本来想定されていた「うまく行為を遂行する私」がイメージとして前提されていなければ、差異化がはたらかず、意識できないからだ。そしてこの「うまく行為を遂行する私」とは、前述したように円滑な流れが生じているときにはこちらも差異化対象がないために意識に浮かび上がってこない、通常の行動パターンのことである。このように円滑な流れに変化が生じる際に発生する二つの〈自己〉をミードはI＝主我とMe＝客我と呼んだ。この場合ならI＝うまくいかなかった私、Me＝このような行為で通常想定さ

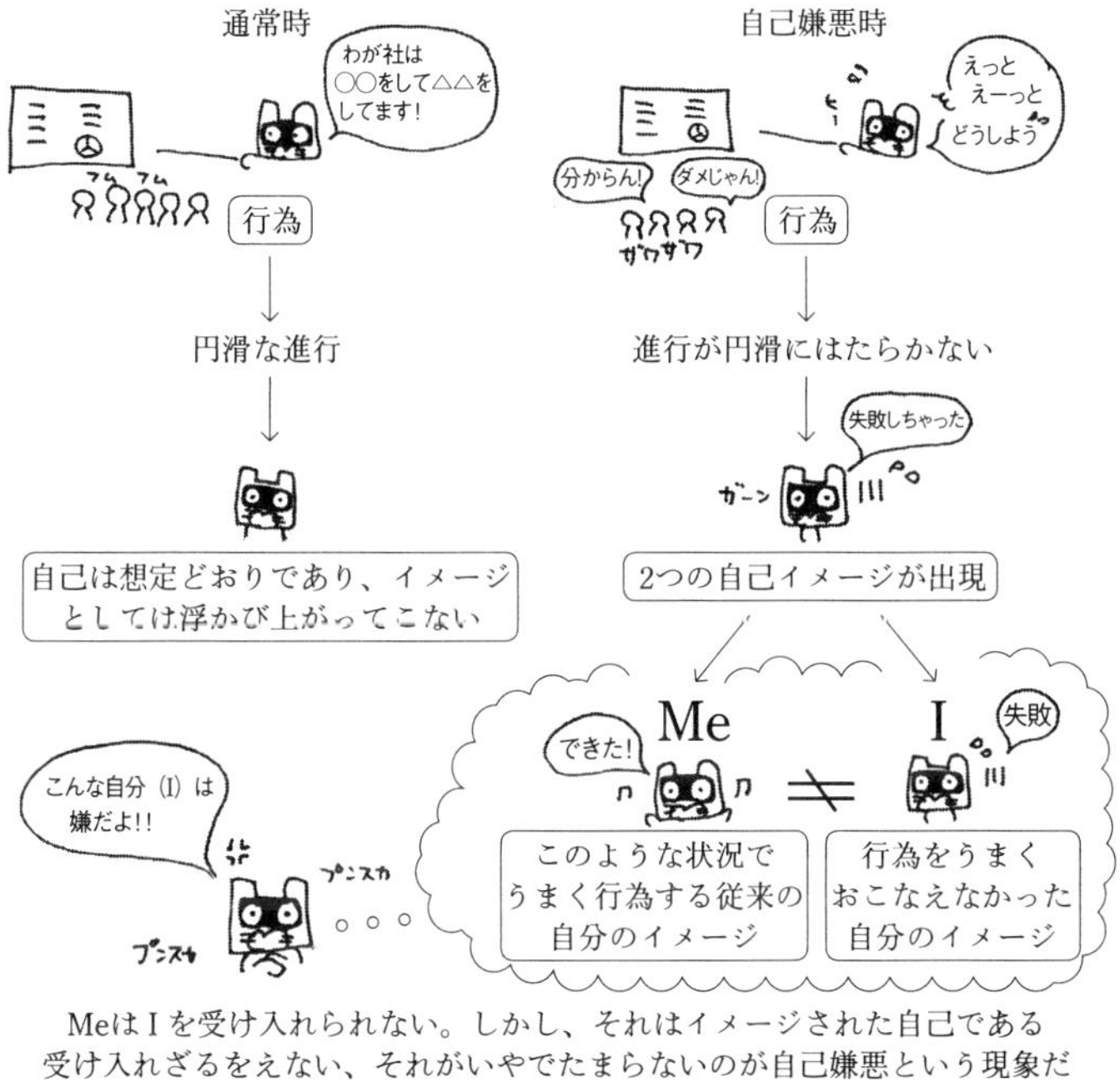

図6　自己嫌悪におけるIとMe

れる私、である。そして、このとき、IはMeを基準として、他者化された自己＝想定外の私としてイメージされている。

　自己嫌悪とは「本来想定される私のイメージ＝Meが、現在起こってしまったうまくやれなかった私のイメージ＝Iを受け入れられない。しかしながらどちらも私なのだから、うまくやれなかった私＝Iもまた受け入れなければならない、それがいやで仕方がない」という状況を示しているのである。〈共同体〉＝「想像の共同体」と同じ文脈で言い換えれば、既存の私のイメージ＝〈自己〉のなかに、私がいまおこなった新しい行動を〈自己〉として受け入れなければならないが、それに苦痛を感じているということになる。ということは、アイデンティティの確立とはこの逆、つまり「I＝いま、イメージされた私＝〈自己〉」（この場合はうまくいかなかった私）と「Me＝通常イメージする私」（この場合はうまく行為を遂行する私）が一致することを意味するのである。

ミードによればI一般的にIとMeは折り合いをつけていくことで次第に統合していく。つまりMeがIを受け入れたり、拒絶したりするプロセスを繰り返しながら最終的に二つの自分は統合される（ミードはこれを「IとMeの弁証法」と呼ぶ）。これがアイデンティティの確立のための「必要条件」である。(8)

一般化された他者――アイデンティティ確立の十分条件

しかし、これはあくまで「必要条件」でしかない。というのも、これだけでは単に個人レベルでのアイデンティティであり、ここで示したような必要条件だけでアイデンティティを形成しようとしても社会的承認を受けていなければ、〈自己〉は極めて不安定な状態になる可能性が高いからだ。仮に、このようにしてアイデンティティを確立できたとしても、〈自己〉は第三者からみれば、しばしば偏屈でいびつなものに見える。そのような〈自己〉を自分が認めたとして、その〈自己〉に基づいて行動した場合、しばしば行動の社会的妥当性を欠いてしまうことになるからだ。具体的には、あなたは第三者から、「自己中」とか「空気が読めない」と批判されることになる。

このとき発生しているのは「私の設定する〈自己〉」と「他者が設定する「あなたの〈自己〉」＝

〈他者〉」のズレにほかならない。あなたと第三者＝他者は、「あなた」という一人の存在をめぐって異なった解釈をしているのだ。ただし、この場合、有利になるのはしばしば他者が想定する「あなたの〈自己〉」である。他者の解釈の方が、多くの場合、ほかの他者によっても承認されているからだ。その場合あなたの設定する〈自己〉は、マイノリティとなって承認されない。それでもその〈自己〉を維持しつづければ、コミュニケーションのなかでさまざまなトラブルが発生することになる。要するに、周囲はあなたを「自己中」と判断するようになるのである。だが結局のところ、そうした行動は是認されないために最終的に自らも受け入れることが難しくなり、それがしばしば自己嫌悪を生む。言い換えれば、他者によってあなたは〈自己〉の変更を余儀なくされるわけだ。

こう考えると、アイデンティティ確立のためには個人レベルで成立しているアイデンティティ＝自己同一性に加え、さらに社会的に承認されるという「十分条件」が必要になることがわかる。

ミードはアイデンティティ確立のためのもう一つの要素として「一般化された他者」（generalized other）という考え方を提示している。これは〈自己〉が活動を決定する際、参照する行為の準拠枠となる大文字の他者のことだ。

「一般化された他者」と似た概念としては、ジークムント・フロイトの「超自我」がある。これは個人の行動を規定し、律するもう一人の私だ。フロイトによれば、これはエディプス・コンプレックスを通して、すなわち父の権力（母の争奪戦で発生する子の父への敵対心に対する父親側の規制）によって、恐怖とともに個人に植え付けられるものとされている。もう少し砕いていえば、超自我とは、内面から「あるべき態度」を指図してくる大文字の他者である。この超自我のコンテンツは社会的な規範から構成されている。具体的には道徳、倫理、法律、慣習などがその構成要素であり、そこから個人に強く行動の方向性を規定してくるのである。言い換えれば、超自我とは「私の言うことを聞きなさい」と命じる自分のなかの父親である。

一方、ミードのいう「一般化された他者」は、超自我ほど個人の行動を強く規制するものではない。むしろ行動の「目安」を提示する程度のものだ。日本語でこれに該当する言葉を当てはめれば、「みんな」や「世間」ということになるだろうか。どう行動すべきかについての指針を提供するものではあるが、これに個人は必ずしも絶対的に服従するというわけではない（一方、超自我は従うのが原則となる）。「みんなはこうするけど、私はこうする」という判断をすることもある。また「他者」といわれるように、あくまで人格的な単位として扱われていて、さまざまな状況での「一般的な役割モデル」という意味合いを含んでいる。

「一般化された他者」は、対象や社会に対してさまざまな側面の視点を取り入れることで、個人のなかに次第にイメージされ構築される。絶対化—相対化の議論の脈絡でいえば、図3（相対化と絶対化）のなかにある→＝パースペクティブを投入することによって事象が相対化されながら把握される。[9]さまざまな→を投入しつづけるうちに、次第に一般化された他者が見えてくるようになるのと同時に、翻ってそれとの対照によって自らのパースペクティブ＝自己も対象化されて把握されるようになる。

〈自己〉と「一般化された他者」

「一般化された他者」は〈自己〉形成にあたって重要な役割を果たす。前述したように、個人は行為する際、「一般化された他者」を行為の準拠枠とする。つまり「こういう状況では、一般には（＝「一般化された他者」としては）こういう行動をとる。では自分はどう行動するか」と考えたうえで、実行に移すわけだ。その際、自らの行為が想定どおり、またはそれ以上に運び（つまり実行した行為＝Ｉが創発性をもち、MeがＩを受け入れ）、さらに社会的に是認を受けた（行為が社会的に認められた）場合、アイデンティティは強固なものになる。一方、行為が想定どおりに進んでも、社会的に是認を受けない場合には、アイデンティティは脆弱になる。なぜなら、一致の保証をしているのは自分だけなので、社会的是認がないまま行為をおこなえば、えてしてさまざまな障害が立ちはだかってくるからだ。また、行為が想定どおりに運ばず（MeがＩを受け入れがたく）、かつ社会的に是認を受けていなければ、アイデンティティは危機を迎えるので、早急に行為を修正する必要が生じてくる。こうして〈自己〉は「一般化された他者」を参照しながら、これと折り合いをつけていくことで社会化した私、つまり社会で適応力がある〈自己〉、言い換えれば「空気を読みながら、十全に活動できる能力を備えた私」を形成していく。

アイデンティティが確立するためには、私と「一般化された他者」双方からの承認と、以上のプロセスの繰り返しが必要になるのだ。

「想像の共同体」と「一般化された他者」

共同体の時代には、個人も他者も現在のようなかたちでは存在しなかったため、「一般化された

さまざまな役割としての〈一般化された他者〉を踏まえたうえで筆者の存在がある。筆者は日本国民、大学教員という〈一般化された他者〉を参照しながら、その役割を取得／共有しているが、それに対してもまた差異化を図っている。

図7　個人における〈一般化された他者〉の位置づけ――筆者の場合

他者」のあり方もまた違っていた。ある意味ではすべてが「一般化された他者」だったともいえる。共同体の構成員の役割取得＝学習の基本は、シンクロ＝共振であり、周囲の動きに身体的に馴化していくことである。つまり、他者の一般的ルール（この場合、因習）を自分の身体に刻印させ、直接吸収するのであり、今日のように社会的基準を対象化して認知してから、マニュアルとして取得していたわけではない。要するに、相互の役割が区分されることなく、互いにうごめいているなかで、知らず知らずのうちに取得されていったのだから、その役割を本人は自覚していない。個人と他者の区分が存在しないように、「一般化された他者」もまた即自的、すなわち全体のなかに溶解しており、一体不可分な状態だったのである。

言い換えれば、「一般化された他者」もまた対象化されたかたちで、つまり、これまでの表記を援用すれば山カッコつきの〈一般化された他者〉として把握されるものといえる。〈共同体〉、つまり「想像の共同体」として対象化されたかたちで保持されるようになったイメージとしての社会での、構成員の「種々の平均的な役割イメージ」こそが〈一般化された他者〉なのだ。それは、当該社会における親、家族、農民、職人、役人、会社員などのさまざまな役割の「平均的イメージ」と置き換えることもできるだろう。ちなみに、その最も包括的な集合は「国民」「現代人」「民族」などである。〈一般化された他者〉が浸透している社会・文化圏では、その構成員は、それに準拠しながら自らの役割を取得し、さらに差異化をおこなうなかで自らを対象化しながら、アイデンティティ確立を図るのである。たとえば大学教員である僕なら「①日本国民、②男性、③四十代、④神奈川県在住者、⑤大学に所属する者、⑥大学教員……」などのさまざまな〈一般化された他者〉の属性を備え、それとの差異化のなかで自らの役割／アイデンティティを位置づけているというわけだ。

5　〈物語〉と〈自己〉の変遷

近代において〈一般化された他者〉は〈物語〉として登場した

ここでは自己形成において、〈一般化された他者〉は〈物語〉と連携することで機能するというかたちで考察してみたい。

〈物語〉とはフランスの哲学者ジャン＝フランソワ・リオタールの言葉だが、[10] わが国の現代思想で広く受容されてきた概念だ。簡略にその意味を示すなら、「ある時代の社会・文化全般がどのようなものであるかを提示する一連のストーリー＝ディスクール」である。そのなかでも「社会の構成

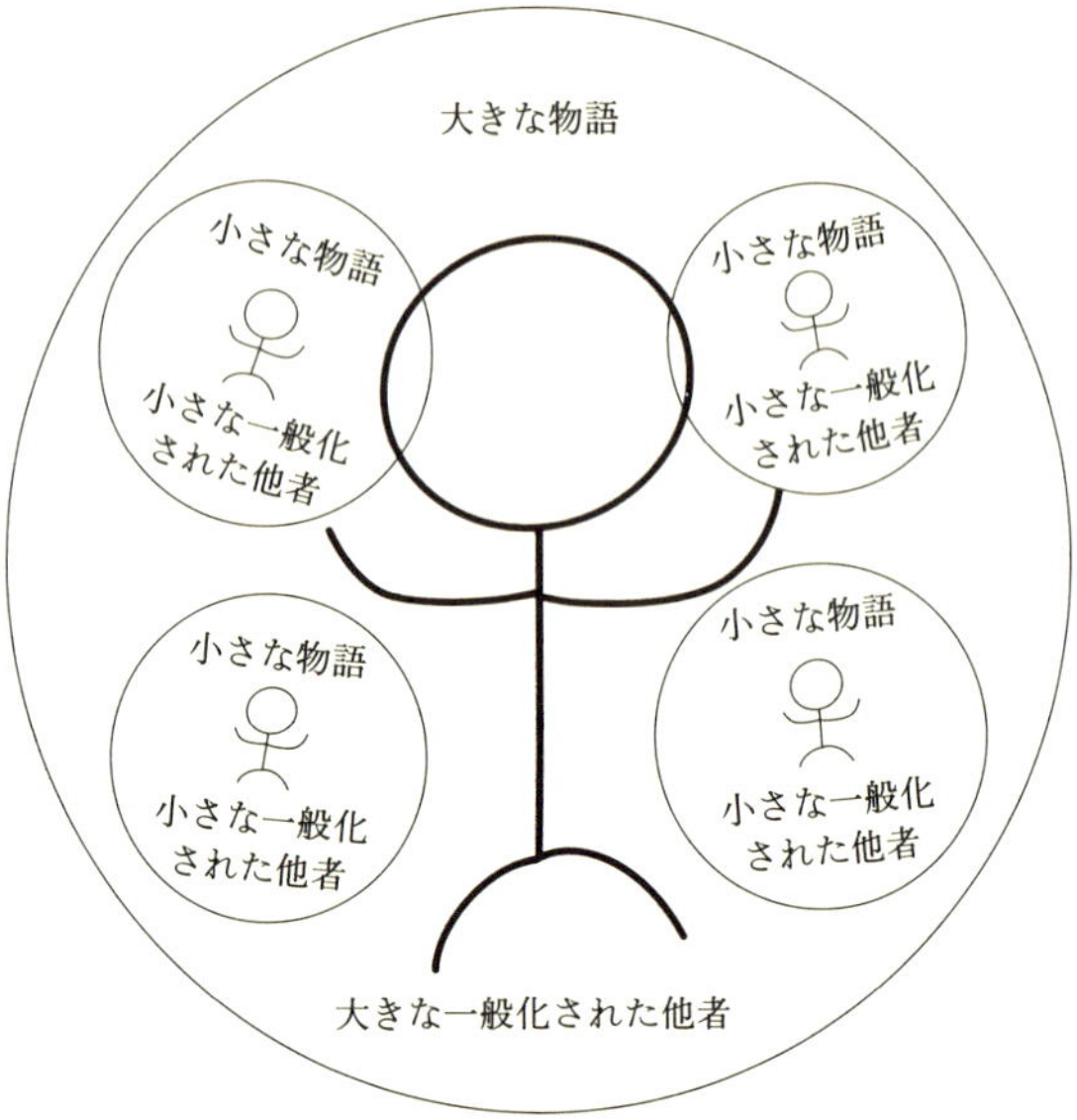

想像の共同体の内部にはさまざまな物語とさまざまな役割カテゴリーとしての
一般化された他者が存在する

図８　想像の共同体と一般化された他者

員全員が共有する行動様式や価値観のフレーム＝ディスクール」は〈大きな物語〉と呼ばれる。ここでは〈物語〉を反映する人格＝役割イメージとして〈一般化された他者〉を設定することにしよう。〈一般化された他者〉は〈物語〉を内在化した、つまり物語を体現した理念型的な人格イメージである。

さて、〈大きな物語〉はそのなかにいくつもの〈小さな物語〉を含んでおり、それらは〈大きな物語〉とリンクするようになっている。そして、それぞれの〈物語〉には〈一般化された他者〉――いわば〈大きな一般化された他者〉と〈小さな一般化された他者〉――がある。たとえば、戦時下の日本では皇国史観に基

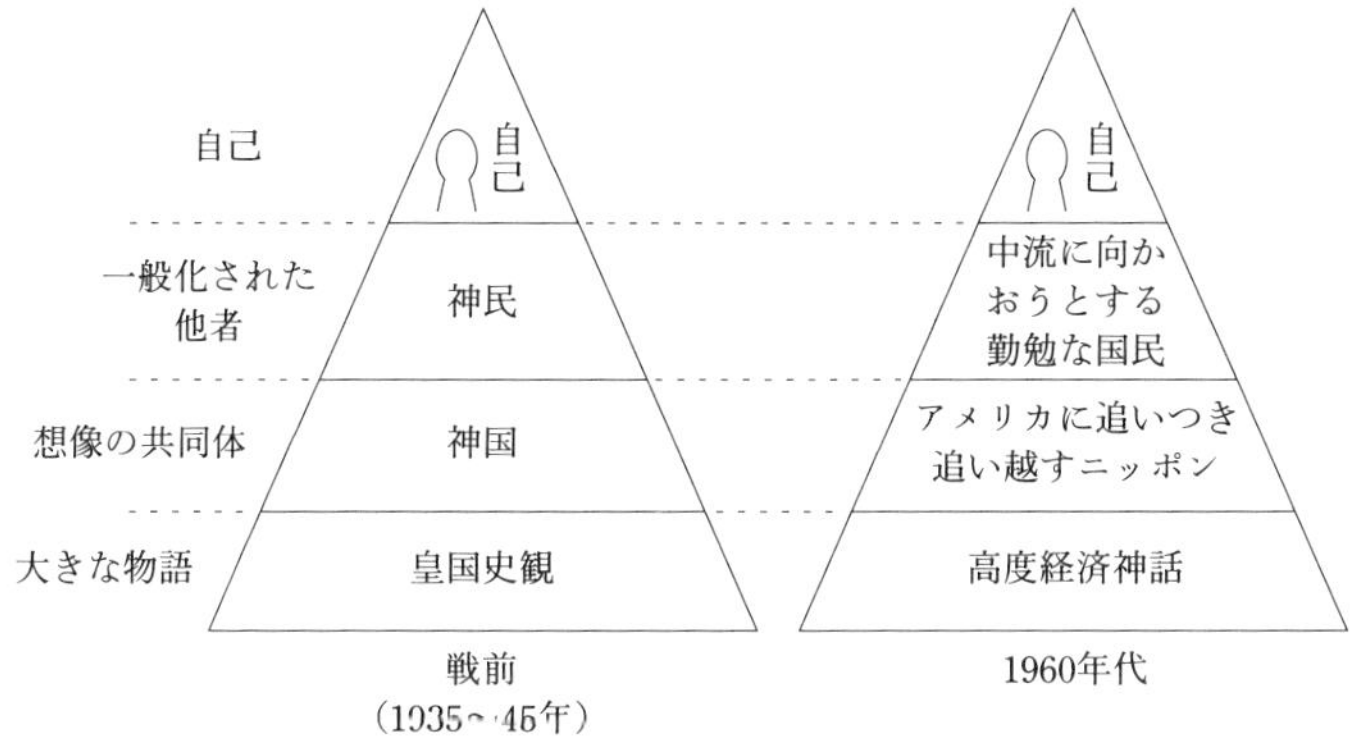

図9　〈物語〉—〈自己〉の関係

づく国民総力戦というディスクールが典型的な〈大きな物語〉だった。これには「神国日本」という〈共同体〉＝「想像の共同体」と、「神民」という〈一般化された他者〉が付随していた。

　共同体が崩壊し、「想像の共同体」としての社会を認知しはじめたわれわれは、〈物語〉を〈自己〉を形成する揺籃として用いるようになっていく。〈物語〉が導き出す〈一般化された他者〉がアイデンティティを確認し確立するための苗床＝参照枠として機能するようになったのだ。〈自己〉は自らを、〈物語〉を人格的な存在として体現していると想定される〈一般化された他者〉と関連させながら、つまり、これに同一化しつつ差異化しながら位置づけるという「自己物語」[11]を時空間的に構築していき、さらにそこからアイデンティティの確立をおこなう。われわれは常にこういったイメージとしての個人、他者、社会というものを操作するかたちで、自らの行動基準を対象化しながら〈自己〉とその行動を位置づけるようになっていったのである。

三元的な〈大きな物語〉の時代――第二次世界大戦と高度経済成長

〈物語〉はメディアの発達とともに巨大化し、一元的なものとして、言い換えれば、人々を〈共同体的〉に均一化＝フォーマットするものとして機能するようになる。必然的にその人格／役割イメージである〈一般化された他者〉も一元的で巨大なものとなっていくのだが、わが国で一元化が急激に進んだのは昭和という時代だった。

その第一期は一九四〇年前後（昭和十年代）から第二次世界大戦終了までである。この時期にはラジオや新聞、雑誌などのマスメディアが軍部・政府によって一元的に管理されることで思想が統制され、それがひとつの〈大きな物語〉を形作っていった。皇国史観、軍国主義が徹底され、それに基づく一元化された人格モデルが大きな〈一般化された他者〉として存在した。それが前述した「神民」だ。しかもこれは強制に近いものであり、こういった超自我にも近い〈一般化された他者〉を強要されることで、日本国民は〈共同体〉＝「想像の共同体」を安定したかたちでイメージできるようになり、翻って、個々の〈自己〉も安定化が図られることになった。傍証だが、この時期、日本人の自殺率は激減している。戦中（一九四一年から四五年）の統計こそ存在しないが、三〇年代後半の好戦ムードが高まるなかで自殺率が急降下しているのだ。フランスの社会学者デュルケイムは戦時中の自殺率の減少を指摘しているが、[12]これはデュルケイムがいうアノミー的自殺が減少するためだろう。アノミー的自殺とは社会的規制が弛緩したために、個人が自らの欲望の方向づけを失うことで発生するのだが、戦時中には国民的規模の〈大きな物語〉が出現するために、〈一般化された他者〉が巨大かつ一元的なものとしてイメージされ、秩序が明確になり社会と個人の関係が安定化し、欲望の方向づけもまた明確化したのである。

その結果、アイデンティティは極めて揺るぎないものとなり、それが戦争に向かう大きなエネルギーへと転化していく。「進め一億火の玉だ」の合言葉のもと、死をも恐れず戦いに挑んでいく日本軍兵士が存在したのは、こういった〈自己〉の安定化作用があったからにほかならない(13)。〈物語〉と〈一般化された他者〉が強固なものとして再び一元化されて展開するのは、高度経済成長期の昭和三十年代後半から四十年代前半（一九六〇年代）だ。この時代はテレビの普及と、人々の移動性の高まりに特徴がある。地域共同体に生まれ、そこに永続的に住みつづけるというライフスタイルは一般的なものではなくなり、人々は故郷を離れてあちこちで暮らすようになった。また一カ所に定住せず頻繁に移動するようにもなった。つまり物理的・空間的な共同体から急激に離脱するようになり、それによって共同体は崩壊していった。だが、それは同時に、人々が〈自己〉アイデンティティの獲得のために、共同体の代替としての〈共同体〉＝「想像の共同体」＝準拠集団とその存在を正当化するディスクール＝〈物語〉を必要とするようになることでもあった。

このとき、それらを媒介したのがテレビを中心とするマスメディアにほかならなかった。テレビは根なし草化した日本人の多くに、所属集団の代わりに空間的な縛りがない準拠集団としての「想像の共同体」をイメージできるような〈物語〉を提供した。いうまでもなく、それは「高度経済成長神話」だった。

「いまはまだわれわれは貧乏だ。しかし政府も国民も一生懸命に働けば、やがて日本は豊かになり、個人の生活も豊かになる。だから、いまは一生懸命働くのが当たり前だ」。集約すれば高度経済成長は、こんな〈物語〉によって構成されていたといえるだろう。そしてこの神話が担保にしていたのは年率一〇パーセント以上の経済成長率だった。実際、当時の日本人は、通りに街灯ができたり、国道に歩道橋が架けられたり、自動車を購入することが可能になったりと、年々生活が豊かになっていくことを実感できた。だから、この「輝ける未来」という〈物語〉はメディア媒介的なものであっても高いリアリティを備えており、日本人のほとんどがこの〈大きな物語〉を信じたのである。

高度経済成長が国民に提示したスローガンは「中流志向」「アメリカに追いつけ、追い越せ」だった。社会のインフラの整備と並行して、個人もまた「豊かさ」のインフラを整備することで、この〈物語〉に参加していこうとしたのだ。その典型が「三種の神器」といわれた3C＝カー、クーラー、カラーテレビの購入で、これらを手に入れることが神話＝〈物語〉を具現することになった。だから、当時の所得からすれば身の丈に合わない法外な価格が設定されていたにもかかわらず、人々はこれらの商品を先を争うように購入したのである。「高度経済成長神話」の〈物語〉は「中流をめざす勤勉な国民」という一元的で大きな〈一般化された他者〉を商品に付随させるかたちで提示した。これら商品群の購入は、生活に必要だからではなく、アイデンティティ確保のために必要な行為にほかならなかったのである。

この時代はまさに大澤真幸がいう「理想の時代」[14]だった。つまり、〈共同体〉＝イメージとしての共同体が高度経済成長という〈大きな物語〉を背景に十全に機能していたのである。そして、この〈大きな物語〉は一九七〇年の大阪万国博覧会に結実する。この万博のテーマは「人類の進歩と調和」という、実に「巨大な物語」をテーマにしたものだった。

「若者」という下位「想像の共同体」／〈一般化された他者〉の出現

高度経済成長という〈大きな物語〉は、その「想像の共同体」＝経済大国日本のサブカテゴリーとして、若年世代に「ヤング」という小規模の「想像の共同体」を出現させた。これは、集団就職や進学で移動性が高まり、また経済成長によって可処分所得を増大させつつあった若年世代を消費のターゲットとするために資本が捻出した記号だった。

大都市圏に職を求めて移動してきた若者たちは、これまでの共同体からは切り離されてしまった。都会で一人寂しく暮らすのは過酷だ。自らが依拠できる場所である共同体、あるいはそれを代替するものがほしい。そんな心の隙間を埋めることに資本は商機を見いだし、若者たちに消費行動を促しはじめる。具体的には商品そのものの機能よりも、商品に付与する記号性に注目させるという商品戦略がとられるのだが、その際に使われた記号が「ヤング」だった。資本は商品を若者に提供する際に「これを購入すればキミもヤングの仲間入り」といった含意＝コノテーションを忍ばせた。こうすることで当該世代の若者たちは商品の背後に「ヤング」という言葉で表現された「世代」という〈共同体〉＝「想像の共同体」を見いだすことになる。いわば「オマケほしさにキャラメルを買わせる」ようなやり方だったわけである。

このとき、「ヤング」の物語もまた「高度経済成長神話」のサブカテゴリーとして〈物語〉化されている。具体的には「ヤングは活力ある消費活動によって都市的生活を享受する」というものだった。こうしたマーケティングの典型例が男性ファッショングッズだった。それまでは日本の若い男性の多くにとってファッションは縁遠いものだった。しかしこの時期にはイギリスのトラッドファッションを手本にしたＶＡＮや、資生堂の男性用化粧品などの商品群が「ヤング」を象徴する記号として商品市場に登場するようになる。そしてこのイメージをより普及させたメディアがテレビＣＭと男性週刊誌「平凡パンチ」（平凡出版、現マガジンハウス）だった。

共同体から切り離された若者は、こういったコノテーション（＝商品に付与された含意）を帯びた商品を購入し、「ヤング」の記号の背後に〈物語〉を確認し、それが提供するイメージと同一化するという消費行動によって、自らが「ヤング」に属していることを実感したのだ。商品購入は自分が「ヤングという共同体に属している」ことを確認するためにおこなわれたのである。また、このとき「ヤング」という言葉は〈共同体〉＝「想像の共同体」、〈一般化された他者〉双方の意味合いを含んでいた。若者が準拠的に所属する集団や空間を指す場合、つまり「世代」として括られる場合には「ヤング」は〈共同体〉を意味し、また人格類型とみなす場合には〈一般化された他者〉を意味したのである。

資本は若年世代を「ヤング」として括ることで、これをマーケットとして開拓すると同時に、若者たちもまた消費することで自らが若者であると位置づけた。要するに若者たちは、商品購入によって「消費の想像の共同体」を立脚点に自らのアイデンティティを構築していったのである。またこのように「ヤング」をコノテーション（＝メタレベルの隠れた意味）として備える情報・商品を、若者たちの間に提示することでコミュニケーションの契機をつくり、仲間意識も醸成されたのである。彼らはのちに作家・堺屋太一によって「団塊の世代」と命名されるが、消費を通じて「想像の共同体」と〈一般化された他者〉を獲得するというパターンは、以降の若者世代、ひいては世代全体に及ぶようになっていく。

虚構の時代の始まり――一九七〇年代以降

①物語機能の縮小

だが一九七〇年代に入って、高度経済成長の時代が終焉し、高度経済成長神話という〈物語〉はアイデンティティを獲得するための立脚点としての機能を失っていく。〈物語〉が縮小していったために「一元的」な〈共同体〉＝「想像の共同体」や〈一般化された他者〉は見えづらくなってしまった。その後、情報社会化、消費社会化が進み、情報に対する価値観の相対化が進行すると、人々はアパシーに陥り、俗にいう「シラケの時代」が到来する。人々は、そこに〈物語〉が存在したとしても、もはや安心してそれに頼ることができない。信用しようにも〈物語〉の規模が小さく、また、それ以外の〈物語〉や、自分が準拠しようとする〈物語〉を否定する〈物語〉さえ存在する状況が生まれたからだ。価値観の多様化による個々の価値の相対化が、〈物語〉それ自体の相対化を促していったのだ。〈物語〉は量と質の両レベルで縮小していった。必然的に、それは〈共同体〉＝「想像の共同体」、そして〈一般化された他者〉の不可視化の進行でもあった。そのため人々は、それが心もとないものであり、場合によってはウソだと知りながら、この「縮小した物語」を信じるしかないという状況に陥っていった。これが大澤真幸がいう「虚構の時代」の始まりだった。

②一九八〇年代――「みんなバラバラなのさ」とうそぶくことによる一元化の達成

だが、若者文化のなかでは、比較的安定した「若者」イメージを維持することが可能だった。一九六〇年代から七〇年代の「ヤング」で確立された若者イメージは、若者が若者であることをアイロニカルなかたちで保証するという、ひねくれたアイデンティファイの方法によって、かろうじて維持されたからである。八〇年代、若者にとっての〈一般化された他者〉は「新人類」という概念で総称された。

「新人類」とは「情報機器の操作に優れているために、高感度にあらゆる情報を相対化でき、価値観がバラバラな状況を逆手にとって、情報が氾濫する世界を泳いでしまうしたたかさを備えた」人間類型とみなされた。「新人類」が嫌うのは「人と同じであること」だった。言い換えれば共同体的な一元性の拒否である。人と同じなのは大衆的で「ダサい」。自分は人と違った感性豊かな「ナウい」存在でありたいと志向するようになる。これによって世代を一括りにするような大衆的な「ヤング」という概念は死語になっていく。

新人類によるこうした差異化志向によれば、それぞれはバラバラになるはずだ。そして共同体的なものはもはや必要とされない。言い換えれば〈物語〉も、〈共同体〉=「想像の共同体」も、そして〈一般化された他者〉も必要としない世代が登場したということになるのだが、実際にはそうはならなかった。この世代もまた〈共同体〉と〈一般化された他者〉を確保するための〈物語〉を必要としたことには、変わりはなかったのだ。

ただし、前述したように、この〈物語〉は極めてひねくれたものだった。[15]というのも、それは「人と違っている感性豊かな存在であること」という〈物語〉だったからだ。つまり「個性豊かなことを志向すること」自体が自らが〈共同体〉に所属することを保証するものになる。もう少しかみ砕いていえば「〈共同体〉に所属しないという態度が〈共同体〉に所属することを約束する」という矛盾した状態が、ここでは成立していた。なぜか？

認識論レベル、つまり意識のレベルで「人と違っている」ということは〈一般化された他者〉＝〈共同体〉的な他者を拒否する態度にほかならない。ところが、存在論レベル、つまり無意識のレベルでは「〈一般化された他者〉を拒否する」という態度それ自体が共有されている。つまり「人と違っている」ことを「みんな」でめざすことによって、「ナウいぼくら」という一元的な〈一般化された他者〉が確保されていたのだ。若者たちは他人と異なることを、一九六〇年代から七〇年代と同様、消費行動によって示すことで、世代内の「同質性」[16]を獲得していたのである。

一九九〇年代——虚構の時代の終わり

しかし、このひねくれた戦略も最終的には通用しなくなる。この「差異化戦略」が資本の側のニーズと合致し、おびただしい種類の「ほかと違った＝差異化を志向した商品群」が市場に出回るようになると、すべての商品が、微少ではあるがほかの商品とは異なっているという状況が出現する。これは事実上「差異化戦略」の終わりを意味していた。意識的に人と違っていようとしなくても、もう誰もが人とは違っている。となると、この斜に構えた「個性化志向」、すなわち認識論的立場では異質性＝「ダサいやつらに差をつける」を志向し、一方、存在論的立場では「ナウい」という同質性を志向するという、二段構えの〈物語〉はもはや機能しなくなったのである。要は差異化対象である「大衆」「ダサいやつ」が消滅したため、差異化行為によってもその連中とは違う「ナウいぼくら」という分節化された「想像の共同体」を導出することが不可能になってしまったのだ。いかに「差異化志向」をはたらかせようと、その背後で獲得されるはずの〈一般化された他者〉、つまり「ヤング」や「新人類」といったものにたどり着くことはもうできない。差異化戦略が差異化として機能しないという状況が生まれると、マスメディアと消費物によって支えられていた準拠集団としての〈共同体〉＝〈物語〉＝〈一般化された他者〉＝「新人類」はその基盤を失い、やがて「新人類」は「ヤング」同様、死語になっていった。

6　一九九〇年代後半以降、人々はどうやってアイデンティティを確保するのか

〈物語〉―〈一般化された他者〉―〈自己〉によるアイデンティティ形成システムは崩壊したか

あらゆる価値観の相対化によって〈物語〉が消滅し、〈一般化された他者〉を獲得できなくなったならば、当然、それを基盤に形成されている〈自己〉の存在も曖昧になり、見えなくなっていく。こうなると〈物語〉―〈一般化された他者〉―〈自己〉という三角形のなかで自らのアイデンティティを確保していくというシステムそれ自体が維持不可能になる。そこで、そうしたシステムを

必要としないような人格、あるいは〈自己〉のありようが模索されるのだが、[17]本書ではそうした視点から新たに社会をとらえるという立場はとらない。むしろ、ポストモダン状況のなかで〈自己〉を中心としたメカニズムが〈物語〉の縮小を生んでいる現在、〈自己〉がどのように変容、あるいは改訂、またはバージョンアップされていくのかに注目する立場をとる。三十年前のモラトリアム人間論、二十年前の新人類論、そして十年前のマルチメディア論の際にも人間の根本的変容が指摘され、自己の存在の危うさが語られたが、結局〈自己〉という図式は相変わらず有効性を保持し、説明概念として否定されることはなかった（もちろん語られる方法が変容したことは確かだが）。本書は、既存のシステムを保持しながらこれを敷延するかたちで考察を進める立場をとる。ポストモダンの二十一世紀、すべてが相対化された時代に、われわれはどうやって〈自己〉をイメージしアイデンティティを確保するのだろうか。

「お祭り党」という揮発性が高い〈一般化された他者〉

そこで消滅した〈物語〉の代替として出現したのが「お祭り」という〈物語〉（あるいは〈物語〉モドキ）、そして「お祭り党」という〈一般化された他者〉（あるいは〈一般化された他者〉モドキ）だ。「お祭り」はお祭りだからこそ揮発性が高い現象で、あっという間に発生し、あっという間に終わる。〈物語〉のような持続性はない。だが、「お祭り」が出現しそれが進行している最中には、人々は感情を通じた共有意識、言い換えれば社会＝〈共同体〉らしきものを、したがって「われわれ」＝〈一般化された他者〉らしきものを、感じることができる。それは同時に、〈自己〉（あるいはやはり〈自己〉モドキ）を実感できるということでもある。

だが、それは理性に基づいて設定した〈物語〉の文脈に〈自己〉を位置づけるというものではない。むしろ感情の共有、つまりシンクロに基づいて、互いが同じ行動を任意におこなうことによって、自分たちが「同じ」であること、そして集団に属していることを確認する儀式である。共同体の時代に学習の基本だったシンクロの再現だ。しかも「お祭り」は大規模かつ一元的に発生し、量的に巨大なため、一体感もまた大きい。

ということは、これは〈自己〉=selfよりも、共同体の時代の自己=egoに近いものになる。共同体の時代と異なるのは、このシンクロに否応なしに巻き込まれるのではなく、自ら進んで身を委ねる点と任意に出入りが可能な点である。そして身を委ねている間は、その熱狂がバックボーンとなるので〈自己〉らしきものは安定している。ただし、共同体の持続的・永続的なシンクロとは異なり〈お祭り〉は瞬発的なので、全体と一体不可分になるのはそのときかぎりであり、「お祭り」が終われば終了する。また学習=役割取得も、そこではほとんどなされない。だからこそ、これらは瞬間的に獲得される〈物語〉―〈一般化された他者〉―〈自己〉の擬制=モドキなのである。

もっとも「お祭り」という非日常に自己=egoとして関わる人間が、日常でも理性的な〈自己〉=selfを失っているわけではない。〈自己〉=selfは依然として存在する。だが、この〈自己〉は〈一般化された他者〉という支えを失った脆弱な存在である。〈自己〉は「お祭り」とは別の領域で密やかに形成され、保持される。詳細は次章以降に譲るが、オタク的なミクロな世界に没入することによってである。だが、これでは相対化の嵐のなかで質的に絶対性が低く心許ない。そこで、ときに「お祭り」に参加することで、偽装された〈自己〉を獲得する。つまり「お祭り」に熱狂している間は他者＝alterと一体となることで、〈一般化された他者〉（実は「お祭り党」）と〈自己〉（実は「お祭り党員」）との間に安定した関係が構築され、安心感＝社会とのつながりを得ることができる。要するに〈物語〉―〈一般化された他者〉―〈自己〉からなるシステムがもたらしていたものの代替を獲得するのである。しかも感情に依拠しているため、「お祭り」の最中は、共同体の一員であることを強く実感できる。縮小した〈自己〉＝selfの心許なさを、「お祭り党員」としての自己＝egoで補塡しているのである。

そのため、この瞬間的な熱狂のニーズは価値観の相対化が強まるほどに高まっていく。〈自己〉がよりどころとする〈一般化された他者〉がいっそう偶有化（＝ほかにもあるという可能性が高まること）することで、〈自己〉はますます安定感を失うので、瞬時であれ、安定化した状態を「お祭り」に求めたいという欲求は高まる。それが「お祭り」の頻発化を結果するのだ。

しかし、繰り返すが、それはあくまでも「偽装」でしかない。実は身体のシンクロによる他者と自己との同一視という錯覚にすぎないのだから、「お祭り」が終わってしまえば結局再び脆弱な〈自己〉に戻るしかない。だから、われわれは「お祭り」となる対象を求め、自ら〈お祭り〉のなかに身を投じていく。そこにはもはやかつてのような明確なストーリーラインを備えた〈物語〉は存在しない。したがって、体系化されず、それゆえ〈一般化された他者〉や〈自己〉の構造自体が安定することはない。ただし、〈物語〉と同様の感覚を瞬時であるが得られる。しかし、それは

「お祭り」の最中だけなのだ。だからこそ「お祭り」は嗜癖化、つまり「わかっちゃいるけど、やめられない」ものになる。要するに、われわれは「お祭り中毒」なのである。相対化の嵐が吹き荒れる「想像の共同体」さえない時代を生きるには、「燃え」て「熱狂」しつづけることでしか〈自己〉の存在を確認できないからである。「お祭り」とは揮発性の〈共同体〉、いわば「なんちゃって共同体」とでも呼ぶべきものなのだ。ただし、繰り返すが、理性ではなく身体的な感情に依拠した存在としての……。

注

(1) もっとも、絶対化とは決め付けなので、恣意的なものでしかない。たとえばフランス語の「パピヨン」という名称には、日本語でいう蝶だけでなく蛾も含まれる。

(2) アレクサンドロ・ロマノビッチ・ルリヤは一九三二年から三三年にかけてウズベキスタンで農夫に対してリテラシーと精神構造の関連について調査をおこなっている。その際、自らの内面について、どんな性格をし、どんな長所と短所をもっているかなどについて質問をしているが、リテラシーがない農夫は、自らの周辺の状況についての描写に終始し、内面(せっかちであるとか、やさしいであるとか、勤勉であるとか)を表現することができなかったという。言い換えれば、こういった内面はリテラシーの獲得によってはじめて成立するものだということになる(アレクサンドル・ロマノビッチ・ルリヤ『認識の史的発達』森岡修一訳〔海外名著選〕、明治図書出版、一九七六年)。

(3) エミール・デュルケイム『社会分業論』上・下、井伊玄太郎訳(講談社学術文庫)、一九八九年

(4) マーシャル・マクルーハン『メディア論——人間拡張の諸相』栗原裕/河本仲聖訳、みすず書房、

一九八七年
（5）ベネディクト・アンダーソン『想像の共同体――ナショナリズムの起源と流行』白石さや／白石隆訳（ネットワークの社会科学）、NTT出版、一九九七年
（6）われわれが「想像の共同体」としての国家を認識するプロセスを「新聞」を例に考えてみよう。新聞は国内・国際・地域・経済・政治・文化などの項目に分類されて記事が掲載されている。読者はこのように分類された記事に読み慣れると、たとえば「国内」に関する記事を読もうとすれば「国内面」を開くようになるのだが、一方で「国際面」に日本に関する記事を探すことはなくなっていく。言い換えれば、国際と国内の間に分節線が引かれていく。国際情勢を国内のそれと切り離して認識するようになるのである。それは、翻って「国際」と「国内」双方を対象化したかたちで認知するという結果をもたらすのだ。国際と国内は「イメージ」として対象化されて保持されるのである。こういった認知過程によって、われわれは「日本」という社会のイメージ全体を形成する。
　ちなみに、これはまたねじれた現象も私たちの認識のなかに植え付ける。たとえば「アジア」という言葉から思いつく国名をいくつかあげてみてほしい。おそらく、中国、韓国、インド、インドネシアといった国名がすぐさま浮かんでくるはずだ。ところが、われわれがなかなか思いつかない国が一つある。それは日本だ。これは「アジア」という言葉が「国際」というイメージの部分集合としてまず認識されている一方で、日本が「国際」の対義語に当たる「国内」の部分集合として認識されているため、空間的配置としてはアジアであっても、国際―国内という関係のイメージにじゃまされて認識できないからである。こういった日本≠アジアという認識もまた活字を通して形成されたイメージにほかならない。
（7）ジョン・ハーバート・ミード『精神・自我・社会』稲葉三千男／滝沢正樹／中野収訳（「現代社会

学大系」第十巻）、青木書店、一九七三年

（8）〈自己〉は日常生活のなかで行為が円滑に流れる場合には発生することはないというのが原則だが、たとえば「あなたの自己イメージを語ってください」と言われれば、語ることは可能だ。就職活動でおこなう自己分析は、これを意図的にすることで自己イメージを明確にしようとする試みにほかならない。

（9）ちなみに「一般化された他者」はプレイ、ゲームといった役割取得のプロセスを通して獲得されるが、本書の直接の議論からは外れるので、これについての説明は省略する。

（10）ジャン＝フランソワ・リオタール『ポスト・モダンの条件——知・社会・言語ゲーム』小林康夫訳（叢書言語の政治）、水声社、一九八九年

（11）浅野智彦『自己への物語論的接近——家族療法から社会学へ』勁草書房、二〇〇一年

（12）エミール・デュルケーム『自殺論』宮島喬訳（中公文庫）、中央公論社、一九八五年

（13）このような一元的な〈一般化された他者〉が敗戦によって崩壊した後、いったん失われたかのように思える。しかし、認識論的には〈一般化された他者〉の一元性こそ失われたものの、存在論的には「戦争に負けた」「一億総懺悔」といった物語の文脈のなかで「反省する日本人」「アメリカにひれ伏す日本人」という新たな一元的な〈一般化された他者〉が形成されていたのではないだろうか。

（14）大澤真幸『虚構の時代の果て——オウムと世界最終戦争』（ちくま新書）、筑摩書房、一九九六年

（15）同様の指摘に、大澤真幸の「アイロニカルな没入」（同書）、北田暁大の「アイロニー」（北田暁大『嗤う日本の「ナショナリズム」』NHKブックス、日本放送出版協会、二〇〇五年）などがある。ただし、それぞれのニュアンスは異なる。

（16）岩間夏樹『戦後若者文化の光芒——団塊・新人類・団塊ジュニアの軌跡』日本経済新聞社、一九九九

五年、宮台真司『終わりなき日常を生きろ――オウム完全克服マニュアル』（ちくま文庫）、筑摩書房、一九九八年

（17）たとえば一九九〇年代前半、このような状況を乗り切るパーソナリティのあり方として社会学者の宮台真司は「キッーイ一発はもう来ない。これからは終わりなき日常を〝まったり〟と生きろ」と提唱したが、これは明らかに既存の自己構築のスタイルの破棄を踏まえたものだった（前掲『終わりなき日常を生きろ』）。

第6章　物語と「お祭り」――「お祭り」のマクロ構造2

1　〈大きな物語〉は消滅したのか

「お祭り」はどうすればメディア空間の議論に組み込めるのか

第4章では、Web2.0論のパラダイムが「お祭り」現象を言及できないことを指摘しておいた。Web2.0を肯定するのであれ否定するのであれ、論者たちはインターネット至上主義やインターネット一元論的観点から議論を展開し、結局Web2.0をその母体であるメディア空間＝インターネットやテレビなどさまざまなメディアを含む包括的集合のなかに組み込むことができない。それが「お祭り現象」に言及できない原因であると結論した。ならば、どのようにすれば組み込むことが可能になるのか。ここでは東浩紀の物語消滅論を叩き台に、そこに「お祭り」の概念を組み込む作業を試みることでメディア空間における〈物語〉のありようを再考していく。

東浩紀の物語消滅論

東浩紀は著書『動物化するポストモダン』のなかで、リオタールの物語論や大塚英志の物語消費論を援用しながら〈物語〉の消滅について論じている。[1] 東によれば、ポストモダン化とは「「大きな物語」が徐々に失われていく過程」だという。東のいう「大きな物語」とは社会の構成員全員が共有する行動様式や価値観を示しているが、これが消滅しつつあると指摘したのだ。

東は「一九九五年以降、若いオタクが急速に物語に関心を失っているようにみえる」と切り出し、そこから規範や伝統の共有、それによって「きちんとした大人、きちんとした家庭、きちんとした人生設計」が得られるといった図式が崩れ、「個人の自己決定や生活様式の多様性が肯定され、〈大きな物語〉の共有をむしろ抑圧と感じる、別の感性が支配的[2]」になったと述べている。

東はこのような時代認識をしていたが、それに対して読者から「ナショナリズムや伝統の復活を願う声や映画や小説に緻密な設定と重厚な世界観をもつ長大な物語のニーズがある[3]」との指摘を受けたという。つまり、相変わらず〈大きな物語〉は必要とされているのでは、という批判である。

これに対し東は「「大きな物語」の衰退」は、物語そのものの消滅を論じる議論ではなく、社会全体に対する特定の物語の共有化圧力の低下、すなわち、「その内容が何であれ、とにかく特定の物語をみなで共有するべきである[1]」というメタ物語的な合意の消滅を指摘したものだとしている。要するに、相変わらず〈物語〉はある。ただし、それが全員に共有されているのではなく、一部の人間に限定的に共有されるにすぎないのだということである。言い換えれば、すべての〈物語〉は相対化されており、社会全体では共有不可能なほどの規模に縮小してしまっているため、〈小さな物語〉しかないのだと論じているのだ。

規模と相対性のすり替え

こういった批判に対する東の回答は一見すると見事に切り返しているように見えるが、本書での議論からすれば、これでは不十分だ。

問題は、東の議論では、〈物語〉の「量的」視点と「質的」視点がすり替えられている点である。物語縮小＝衰退の原因は〈物語〉の価値観が絶対性を失っているからだというが、つまり〈物語〉が相対化しているから信頼がもてず、〈物語〉は小さくなるのだと説明されている。質的に信用できない、つまり絶対性を失うと、なぜ〈物語〉は規模的にも小さくなるのか。この議論を正当化するためには〈物語〉の相対化（質的縮小）と〈物語〉の規模縮小（量的縮小）の因果関係と相関関係を示さなければならない。つまり〈物語〉の価値観が相対化すると、それを支持する人間が減ってしまうことについて説明が必要なのだが、ここで東は何の説明もなく無造作に両者を接合している。

東の「物語の消滅」を否定する社会的事例は、本書で取り上げている一連の「お祭り」だ。これらは、〈大きな物語〉ととらえられる。小泉劇場＝郵政民営化祭り、ホリエモン騒動、ドイツ・ワールドカップサッカーでのジーコ・ジャパンへの熱狂、新庄劇場、アルコール自粛運動、イジメ撲滅キャンペーン、そのまんま東／東国原宮崎県知事劇場、二〇〇七年参院選での自民党の歴史的惨敗。これら一連の〈物語〉は相対化されるどころか熱狂をもって迎えられたのだ。しかも、これらを支持し加担した人間の数は膨大だった。いうなれば規範が共有されたわけで、東のいう「きちんとした」方向にみんなが向かったことになる。つまり価値的な相対化も量的な小規模化も、ここでは起こってはいなかった。

〈物語〉の二つの軸――量と質

東の〈物語〉に対する視点をもう少し細分化して考えてみよう。まず〈物語〉の量的な軸と質的な軸という二つの軸を設定しよう。

量的な軸とは「数的規模」のことであり、〈物語〉を支持する人間の数である。確かに「皇国史観」「高度経済成長神話」といった国家規模で支持を受けたような〈物語〉は今日もはや存在しない。だが、「お祭り」になると非常に規模が大きくなる。「お祭り」は国民規模で支持を受けるので、これらを〈物語〉とみなせば量的規模では〈大きな物語〉は存在する。もちろん、その一方で〈物語〉が林立し、それぞれの〈物語〉が小規模化しているという事態は一九八〇年代の分衆論以降指摘されていることであり、その小規模化・細分化がいっそう昂進していることも事実だ。ということは、量的規模でみると、大規模物語＝〈大きな物語〉と小規模物語＝〈小さな物語〉の二つが存在するとみなすべきなのである。しかも近年の「お祭り」の多発を見れば、この二つは〈物語〉の細分化の結果、ごく少数の〈大きな物語〉と膨大な数の〈小さな物語〉に二極化していると考えることもできる。

二つめの質的な軸とは「物語への関与度」である。つまり〈物語〉の規模の大小にかかわらず、〈物語〉に対する個人のアイデンティファイの深さを基準とする。言い換えれば〈物語〉を絶対的なものとみるか、相対的なものとみるかという視点だ。これもまた東が指摘するように、社会の構成員全員が共有する行動様式や価値観は、もはや一般には存在しないといってもいいだろう。だが「お祭り」状態の場合には、「お祭り党」の〈物語〉に対する絶対的な視点は高まっていく。「郵政民営化は実現しなければならない」「アルコールは自粛しなければいけない」「喫煙してはいけない」「そのまんま東は当選するしかない」「日ハムは優勝するしかない」「安倍はやめるしかない」といった「〜しなければならない」という絶対的・決定論的風潮が一般化するのだ。そして、日本人のほとんどがこれを当たり前のこととして受け止めた。

もちろん〈物語〉は林立しており、人々がそれぞれの〈物語〉に分裂的・断片的に関わるという事態も、一九八〇年代から指摘されていることであり、価値観の相対化が全般としていっそう昂進していることは事実だ。ということは、質的規模でも〈物語〉には、絶対的な〈物語〉と相対的な〈物語〉の二つが存在するとみなすべきなのである。しかもこれもまた、「お祭り」の多発を見れば、相対化の進行の結果、二極化していると考えることができる。

さて、これを順列組み合わせで考えれば、〈物語〉の分類としては、①量的に大規模＋質的に絶対的、②量的に小規模＋質的に絶対的、③量的に小規模＋質的に相対的、④量的に大規模＋質的に相対的の四パターンが考えられる。①はモダン時代の〈大きな物語〉の典型、たとえば「高度経済成長神話」や戦前・戦中の「神国日本」といったディスクールが該当する。だが前述したように、これは消滅したといっていい。②はカルト教団、たとえば一九九五年に地下鉄サリン事件を起こしたオウム真理教の信者たちが信じた〈物語〉などが該当する。そして、東や岡田斗司夫[5]の議論からすればオタク第一世代の〈物語〉もこれに当てはまるだろう。彼らはデータ収集の後に〈物語〉を構築し、これを消費するタイプのオタクだ。また八〇年代にマーケティングの分野で議論されていた分衆もこれに該当する。人々は〈物語〉に全面的にコミットメントすることで、アイデンティティを確保しようとするのである。そして③が東のいうポストモダンにおける〈物語〉の衰退に該当する。この〈物語〉を保持するのは第二世代オタクであり、キャラクターに「萌え」てデータベース消費をおこなうオタクたちだ。そして④は、これも東のいう環境管理型権力が設定する〈物語〉が該当するだろう。ただし、これは厳密にいえば「物語」ではなく「システム」である。ストーリーこそもちえないが、システム的管理によって、人間の行動や思考様式を規定するという意味では〈物語〉と同じ機能を果たしている。そしてこの環境管理型権力は人がそれを獲得するのではなく、環境として知らないうちにもたされるものだ（そういう意味では絶対的なのだが）。

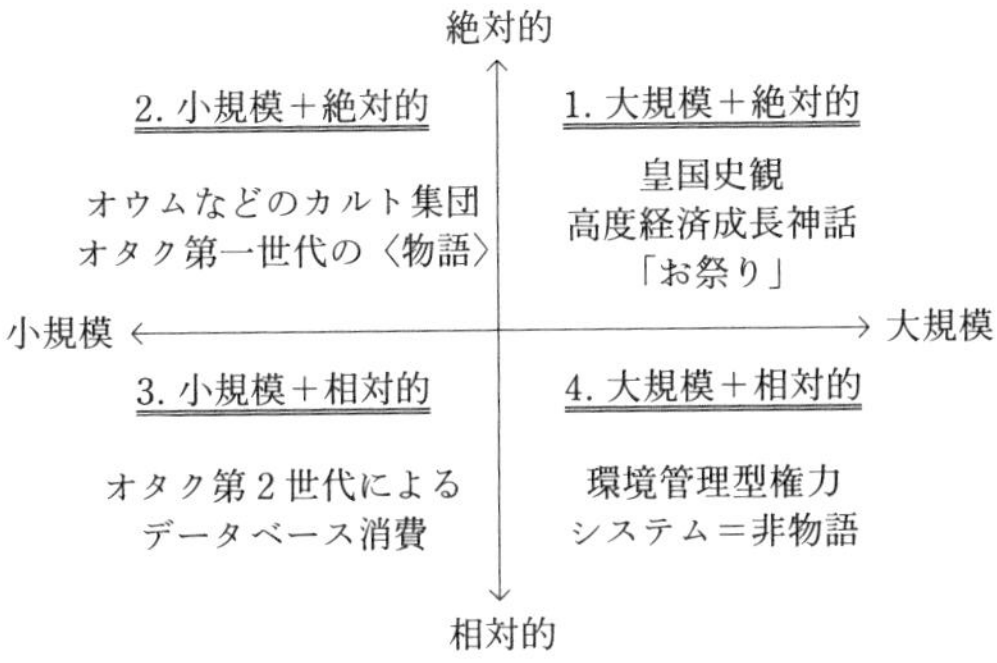

図10　物語の4分類――量と質の軸

東は〈物語〉の保持のされ方が①から③へ変容しつつあると

指摘したわけだが、前述したようにどのように移行するかについての説明が何らなされていない。問題はそれだけではない。この四つの組み合わせでは「お祭り」は①になるが、これではまさにかつての〈大きな物語〉への回帰ということになってしまう。だがそうではないだろう。「お祭り」はかつての〈大きな物語〉とは質的に異なる現象のはずだ。そのため、〈大きな物語〉の深層について、いま一歩踏み込んだ分析が必要である。

もう一つの軸の挿入＝持続性

「高度経済成長神話」という絶対的で〈大きな物語〉と、小泉劇場＝郵政民営化祭りや新庄劇場のような、やはり絶対的で〈大きな物語〉。この二つの違いはどう考えたらいいのだろう。

そこで量と質という二つの分析軸に加え、さらにもう一つ軸を挿入しよう。それは「持続性」という軸だ。持続的―瞬発的という対立軸だが、これは構造的―流動的、体系的―非体系的とパラフレーズしてもいいだろう。つまり〈物語〉が、どの程度の期間リアリティをもって持続可能かという視点である。この軸を挿入すると、必然的に、絶対的で〈大きな物語〉は①持続性をもった絶対的な〈大きな物語〉、②持続性をもたない、言い換えれば瞬発性あるいは揮発性が高い絶対的な〈大きな物語〉という、新たな二つの類型を設定することができる。

そして、このとき、①には、たとえば「高度経済成長神話」のようなこれまで議論の叩き台となっていた〈大きな物語〉が該当することになる。一九六〇年代、日本国民全体が「勤勉に働けば働くほど、国家も個人も豊かになる」という神話＝〈物語〉を共有し、これを絶対的なものとして十年余にわたってリアリティを感じつづけた。このような〈大きな物語〉は、東が指摘するような「規範や伝統の共有、それによって「きちんとした大人、きちんとした家庭、きちんとした人生設計」が得られる」といった機能の根幹をなすディスクールだったといえる。もちろん拘束力は強い。言い換えれば、この〈物語〉を信じないものは、ほとんど「非国民」扱いされたはずだ。そして、この〈物語〉は「経済大国日本」という「想像の共同体」＝〈共同体〉、「勤勉な日本国民」という〈一般化された他者〉を国民に提供し、人々はこれを媒介としながら安定した〈自己〉を構築していた。だが、これはいまや消滅している。

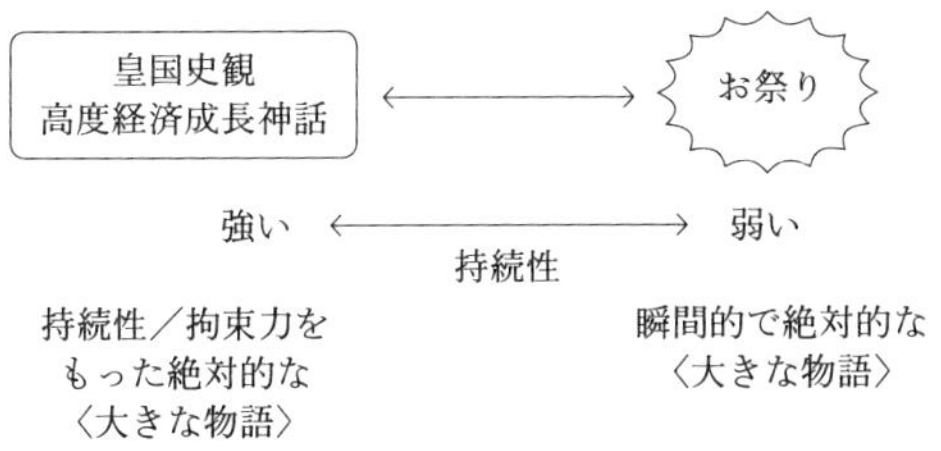

図11　大規模で絶対的な物語のスケール――大規模＋絶対的な物語は２つに分類できる

感情に依拠する「持続性をもたない〈大きな物語〉」

一方、②の「持続性をもたない〈大きな物語〉」だが、これこそが「お祭り」的リアリティの根源といえるだろう。つまり小泉劇場＝郵政民営化祭りや新庄劇場といった「お祭り」は、かつての〈大きな物語〉同様、多くの人間を、絶対的価値をもって巻き込んでいくのだが、長続きはしない。瞬間的に盛り上がり、たちまち終息する。おそらくその持続期間は長くてもせいぜい半年程度だろう（新庄劇場などは比較的長期にわたった特殊な例だ。特に小泉劇場は、これはいくつもの「芝居」が打たれたとみるのが妥当だろう）。とはいえ、拘束力は非常に強い。新庄劇場では、ライバルチームの選手までもが日本ハムに優勝させるしかないと思ってしまう状況がつくられた。つまり国民のほとんどが、それが絶対に正しいことと思い込んでしまうのだ。その実例は第3章で確認したとおりだ。これはアルコール自粛ブームや、イジメ撲滅キャンペーン、タバコ追放運動などのモラル・パニック的な現象についても同様だ。

これはまさにノエル・ノイマンがいう「沈黙の螺旋」の状態である。反論が許容されず、反論したくても沈黙せざるをえない状況がつくられ、ディスクールが絶対化される。そして、その拘束力はいっそう強力になっていく。

こういった拘束力の強さは、ややもすればかつての持続性の高い〈物語〉以上になる。というのも持続性のある〈大きな物語〉は、その〈物語〉を正当化するディスクール、いうなれば「いわれ」が存在するため、その理屈に合致しているかどうかという論理的基準が存在する。つまり、理性によるコントロールがあるのだ。もちろん〈物語〉に「ハマれば」深くアイデンティファイするようになり、持続性が生まれる。

一方、「持続性のない物語」は、ディスクールというよりも「ワンフレーズ」であり、ヒステリックかつパラノイア的に熱狂するため、拘束性は「いわれ」のない「感情」に基づいている。だから、この〈物語〉＝ワンフレーズ・コピーを認めない者は「非国民」として非難されるどころか、バッシングの対象とさえなってしまう。ある意味「ハマらない」という選択肢が用意されていないのだ（持続性のある〈大きな物語〉では、「非国民」というレッテルは貼られても、反論自体は論理的には可能だった）。したがって、拘束力といってもこの二つは質的に異なるところに、つまり「論理＝理性」と「感情」にそれぞれ依拠しているという点で、その性質を異にしているのである。

「お祭り」が生じるとき、〈物語〉は一連のストーリーらしきもの（実際には「記号」）を有してはいるが、実際にこれを稼働させるのは感情である。そしてその強力な力が稼働する源泉は群衆＝モブによる行動だ。言い換えれば、共同体の時代に人々の活動を稼働させていたシンクロである。だから「お祭り」に加担する「お祭り党員」の認識は即自的であり、「いま、ここ」の感覚しかない。そこでは近代が生んだイメージとしての〈自己〉―〈他者〉―〈一般化された他者〉が混然一体となったホリスティックな状態になり解体している。だが、そうすることによって、われわれは感情に基づいた強力なアイデンティティを、その場限りではあるが獲得することができるのである。

2　持続性をもたない〈大きな物語〉が生まれた土壌――多様化と均質化の同時進行

選択肢の多様化は自己不確定をもたらす

このように考えると、現在、われわれの周囲で起こっていることには大別して二つの傾向があることがわかる。一つは東が指摘する〈物語〉の衰退、つまり価値観の相対化された〈小さな物語〉の蔓延である。そして、もう一つは東が見落としていた持続性のない〈大きな物語〉の出現である。

この二つの傾向は、実は同じ土壌に基づいて必然的に発生したものであり、同じ現象の二側面にすぎない。それは社会学者・中野収が指摘していた「多様化と均質化の同時進行[6]」という状況だ。

情報化社会と消費社会の進展に伴って個人のモノや嗜好に関する選択肢は多様化し、細分化していく。それは思想についても同様で、さまざまな思想が乱立するが、乱立するがために、それぞれの価値観が相対化されていくことになる。つまり、ある種の選択をおこなった場合、それが何であれ、あまたある選択肢のひとつでしかないということを潜在的に否応なく自覚させられてしまうのだ。だから、選択したものの価値の絶対性は低下していく。これが東がいう「物語の縮小」の原因なのである。言い換えれば、「物語の縮小」とは多様化に伴って物語が多数生まれたために、その物語を支持する集合の規模が小さくなり（量的縮小）、また、選択肢が増加することによって相互に絶対性を相殺しあってしまい、相対化されて偶有性が高まっていく（質的縮小）ことなのである。

だが、あらゆる価値観が相対化されていくと、個人は不都合な事態と直面することになる。

相対的であるということは、常に他の選択肢があるということであり、言い換えれば、現在選択しているものに、必ずしも完全な信頼を置けないということを意味する。一方、人間は精神的に確かな「よりどころ」を必要とする存在である。それとの関係で自らの立脚点を確定して〈自己〉を構築するからだ。ニクラス・ルーマンの表現を借りれば、世界の「複雑性」を「縮減」するために[7]、人間は大なり小なり何らかのディスクール＝〈物語〉を支持しなければならない（その最小単位は、言語や慣習である）し、その物語が導出する人格イメージである〈一般化された他者〉も可視化しなければならない。そのため選択肢のどれもがおぼつかないということは、それとの関わりで構築している〈自己〉＝個人もまたおぼつかない存在になるということである。いわば、自らの存在を含めてあらゆるモノが浮遊しているというのが常態になるわけで、これでは困る。前述したように人間は社会的存在なので、社会＝他者との関連で、自らが承認されるといった状況が必要だからだ。

つまり、自らの行動思考様式が他者のそれとある程度合致し、その思考行動が社会的に是認されている必要がある。

価値相対化は欲望最大化肯定の必然的彼岸

ところが価値観の相対化は、こういった自己確認＝アイデンティティ認証の契機を与えてくれないという環境をつくりだした。ただし、この多様化・個別化・細分化という傾向は現代人が個人の欲望を最大化することを望んだ必然的結果でもあるので後戻りはできない。情報化・消費社会化もこのニーズに応える方向で動いてきた。視点を変えれば、個々人の個別の欲望に社会が対応することで情報化・消費化は進展してきたともいえるのだ。だから、こういった自己を含めたあらゆる価値観の相対化は、欲望を最大化していくことを是とした場合の「必要経費」ととらえられ、それ自体が否定されることはなかったし、現在でもこういった状況は進展しつづけている。ある意味、こうした細分化・個別化は現代人にとっては快適なものであり、だからこそ人は一人でいること＝プライベートを志向するようになったのだ。

相対化による孤立化の不安を一時的に解消し、力の感覚を与える「お祭り」

しかし、やはり一人は寂しい。社会にも認められたい。とはいうものの、個人の思考行動様式を規定されたり、拘束されるのはイヤだ。そういったときに便利な現象として誕生したのが「お祭り」だったのだ。論理的な一致なしで、感情だけで瞬間的にシンクロする。メディアが提供するワンフレーズに熱狂することで、自らの熱狂と社会の熱狂がシンクロすると同時に、個人の熱狂が集団性をもっているために巨大な力となり、社会全体を動かしてしまう。このとき、「お祭り党」に加担している個人は、社会大の規模で人々と連帯したという実感を得ることができる。このときばかりは「一人ではない」のである。

価値観の細分化に伴って個人の価値も相対的に低下するため、普段は自らの社会的存在を実感できなくなっている個人が、このときばかりは社会に対して「力」を行使したと実感できる。小泉劇場＝郵政民営化祭り、新庄劇場、安倍政権炎上、そして東国原劇場……これらに加担して熱狂した結果、オーディエンスは達成感を得て（実際に「社会を動かす」という願望を実現してしまった）、自らの社会的力が証明されたと感じることができたのだ。その瞬間だけ、個人は〈物語〉〈一般化された他者〉、そして〈自己〉を一挙に獲得する（ただし、前述したように一体不可分なホリスティックなものとして）。だが実はそれらは〈物語〉でも〈一般化された他者〉でも〈自己〉でもない。それは「物語モドキ」と、共同体の時代にあった対自化されない他者＝alterと、自己＝egoなのである。

感情の一致による一体化

「お祭り」で重要なのは、繰り返すが、これが「論理」ではなく「感情」に基づいていることだ。「論理」は、ディスクールとして個人を拘束する。論理が課す規定／条件によって感情の自由度に規制がはたらくからだ。これは個人的欲望の発揚にとっては妨げになる。だが、「感情」に基づけば、「お祭り」で発せられるワンフレーズ（＝シニフィアン）の中身／いわれ（＝シニフィエ）は、それに加担している「お祭り党員」の恣意的解釈に委ねられるため、論理的拘束という、自由を疎外する「うざったいもの」を感じないですむ。つまり、記号によって「感情の一致」さえ得られれば個人の欲望は温存されると同時に、社会の一員であるという実感と集団的熱狂を確保できるのである。要は「郵政民営化は改革の本丸」「宮崎をどげんかせんといかん」と連呼しつづけていさえすれば、その内実は何であれ、それで十分なのだ。

ここで求められているのは、多様化・細分化がもたらした個人の価値観の相対的低下に対する対症療法的な暫定措置である。「匿名的存在」である個人は、社会的には「情報化社会の一ビット」、つまり無名の存在でしかないし、そのことを個人もまた自覚している。しかし、それでも社会に存在を認められたい。〈自己〉を確認するためには社会とつながっていることが実感できなければならないからだ。ただし、責任を課されるのはイヤだ。そこで、瞬間的に「お祭り党」となり、「お祭り」に加担し、トリックスター的に振る舞うことにカタルシスを感じて、自分が一人でないこと、力をもっていることを確認する。目的が達せられれば、それで「お祭り」は終わり、「お祭り党」は解散／解消する。つまり、「お祭り」が終わってしまえば、また匿名的な「情報化社会の一ビット」に戻り、社会とのつながりを失ってしまう。

「お祭り」の後に待っているのはオタク的な生活であり、社会との接点は薄い。熱狂といっても、「お祭り」のように集団的に強烈に「燃え」るのではなく、細分化された〈小さな物語〉、いや〈極小の物語〉のなかで、ひとり密かに「萌え」る程度のことしかできない。だが、これでは〈自己〉の安定化が図れない。だから、次から次へと「お祭り」らしきことにアンテナをめぐらし、それに便乗しつづけることで社会との関係を保ちつづけることが必要になる。言い換えれば、このニーズがあるから「お祭り党」が出現し「お祭り」が頻繁に発生する。必然的に「お祭り党」化は嗜癖＝addiction 化する。つまり「わかっちゃいるけど、やめられない」ことになるのである。新しい〈大きな物語〉＝〝持続性はないが強い絶対性をもつ物語〟は「物語の衰退」＝〈小さな物語〉化によって必然的に生じたのである。つまり〈小さな物語〉とのセットとしての現象なのだ。多様化と均質化の同時進行とは、オタク化による多様化と「お祭り」による均質化が同時に発生することにほかならない。

以上のことを、〈物語〉に関するマトリックスと関連させながらまとめておこう。

メディア空間化による価値観の相対化は、持続性をもち国家規模で行動思考様式や価値観を共有可能な〈大きな物語〉を消滅させた。かわって登場したのは〈小さな物語〉だった。これはミーイズム、個性化、個人主義化というゼーションのなかで、個人がそれぞれの欲望に応じた価値観を所有することを可能にした。だが、〈小さな物語〉は規模が質量ともに小さいために共同性を生む力が弱い。しかも、高い偶有性のために、安定していない。そのため、共同性つまり〈共同体〉と〈一般化された他者〉というバックボーンとの関連で構築される〈自己〉の偶有化をもたらすようになる。そこで、共同性を偽装するためマスメディア、とりわけテレビを媒介とした瞬発的な〈大きな物語〉である「お祭り」が志向されるようになった。「お祭り」によって、人々は一時的であれ「想像の共同体」と〈一般化された他者〉を実感をもって感じることができるようになったのだ。

ただし、「論理的」ではなく「感情的」に。その結果、〈小さな物語〉と「お祭り」の併存状況という「多様化と均質化の同時進行」が、メディア空間上に出現するに至ったのである。

3 「お祭り」は危険か？

持続性のない〈大きな物語〉の危険性

こういった新しい〈大きな物語〉は、どのようにとらえればいいのだろう。これは危険なものなのだろうか。もちろん危険である。「持続性のない〈大きな物語〉」は感情に依拠しているため、小泉純一郎や新庄剛志、そのまんま東／東国原英夫のような「メディアの魔術師」が〈物語〉（ただしワンフレーズのそれ）を提示し、メディアを操って「お祭り」を発生させてしまえば、社会は彼らの意のままにコントロールされてしまうからだ。メディア・システムによってメディア・イベント化された場合も人はそのディスクールによって踊らされてしまう。結局、コントロールされる側は感情に依拠しているために群衆的な行動をとってしまうので、〈物語〉をコントロールすることが難しい。そこには、ただ「熱狂」があるだけだからだ。だから、こういったメディア・イベント的な操作に対してはメディア・リテラシーを高め、それを相対化し、コントロールする必要がある。「そうやすやすと、うまい話には乗らない」賢さをわれわれは涵養しなければならない。

「お祭り」だけではヒトラーは生まれない

だが視点を変えれば、「そんなに危険でもない」という面もある。それは、「持続性がなく揮発的なもの」であるという性質による。たとえば二〇〇五年秋の「小泉劇場＝郵政民営化祭り」を考えてみよう。小泉首相が「郵政民営化は改革の本丸」と叫んだ瞬間、国民の多くは「お祭り党」となって、喜び勇んで自民党に投票した。普段は選挙に興味のない若者までが、一票を投じたのである。この熱狂はいきすぎていて恐ろしい。

だが「お祭り」によって自民党に投票した無党派層は、前述したように、その後、自民党を支持政党とはしなかった。「お祭り党」は「お祭り」が終われば即刻、解散／解消する。つまり感情に依拠しているために「いわれ」をもたない。言い換えれば、論理性がないために体系的に人間を拘束しない。組織性のない、いうなればムード集団だ。だから自民党以外でも「お祭り」を起こすことに成功する党や個人が現れれば、「郵政民営化祭り」で自民党に一票を投じた「お祭り党」が、今度はそちらに喜び勇んで一票を投じるようになるだろう。たとえば、二〇〇七年七月の参院選で自民党を大敗させたのはやはりこの無党派層という「お祭り党」のしわざだったのではないだろうか。また、第1章で示したように、宮崎で発生したそのまんま東劇場でも「お祭り党」が出現し、当初泡沫候補だったそのまんま東が、自民党推薦の候補に大差をつけて県知事に当選するという事態が発生している。つまり、これら一連の出来事で自民党は「お祭り」の単なるネタだったのだ。言い換えれば政治の中身などはどうでもよく、「お祭り」として利用可能かどうかが問題だった。

要は、「お祭りネタ」になるのであれば、政治でも、スポーツでも、ダイエットでも、何でもいいのである。さらに、「お祭り党」は揮発性のもので持続性がないだけに、うつろな存在である。だから、「お祭り党」のいたずらが、ヒトラーによる第三帝国のような独裁的な力に結び付くことは、それだけではありえない。ヒトラーが提示し、ドイツ国民が支持したのは、持続的な〈大きな物語〉だったのだから。(8)

情報化社会のしたたかな生き方としての「燃え」と「萌え」の使い分け

「お祭り党」には、解離性同一性障害（＝分裂病）的な心性が前提されているともいえる。つまり、ある瞬間には「お祭り党」となって熱狂するが、前述したように自らの人生経験との関わりから「いわれ」をもって「お祭り」に参加するわけではなく、あくまで感情で、つまりは「ノリ」で参加するため、そのつど対象に「燃え」るのだが、熱狂が過ぎれば熱も冷める。「お祭り党」になる人間が欲しているのは、「お祭り」の中身＝内容ではなく、熱狂という「形式」それ自体なのだ。だから常に本気でも、内容的な側面には一切関心がない。これはオタク第二世代、第三世代の行動特性である「萌え」とまったくといっていいほど同じ構造である。札＝記号表現（シニフィアン）が関心対象なので、内容＝記号内容（シニフィエ）はどうでもいい。だからこそ、オタクと「お祭り党」は同じ現象の二側面といえるのだ。つまり「萌え」が集団化したものが「お祭り党」の熱狂＝「燃え」なのである。揮発性が高く、物語が弱い。東の表現を借りれば、欲求に忠実な「動物化」した人間の性向ということになるだろうか。

前述したように、個人はこの二つを使い分けている。つまり一人密かにオタクであるとともに、ときに応じて「お祭り党員」になり、〈自己〉を維持させているのである。オタクは「萌え」という現象こそ感情に基づいているが、その行動様式は原則的には「分衆」のそれである。つまり情報が氾濫して価値観相対化が進むなか、アイデンティティ獲得の危機を回避すべく〈小さな物語〉にフェティッシュに固着し、そこから物語を抽出することで「オタク共同体」という「想像の共同体」、さらにはオタク的な〈一般化された他者〉を獲得し、そこから〈自己〉を獲得するという戦略をとっている。しかし、これはあくまで〈小さな物語〉なので求心力が弱い。つまり自己を安定化させる装置としては脆弱であり、結果としてオタクはその〈小さな物語〉を消費しながら「一人静かに萌える」ことを余儀なくされる。

一方、「お祭り」の場合、〈物語〉こそ感じられないが、「燃え」、つまり感情を介した集団のシンクロによって共同体時の集団性＝連帯性を強く感じることができる。だから日常はオタクだが、それでは得ることが難しい「連帯性」を「お祭り党」になることで獲得する。要するに二つは、情報化時代に困難になった〈自己〉やアイデンティティの確立をやり過ごす手段として相互補完的に機能している。オタクと「お祭り党」は実は現代人における行動様式の二側面なのである。

ちなみに、「萌え」は感情に基づいていて「いわれ＝論理」が存在しないという点でも、「お祭り」の熱狂である「燃え」と性質的には同じだ。違うのは母集団の規模で、前者はごく少数、後者は膨大な数の人間が前提されているのである。

怖いのは「お祭り党」を持続的に発生させることができる魔術師

「お祭り」は揮発性のために、それほど危険ではない。ただし、もし「お祭り」を持続させる力があれば、ヒトラーを登場させることも可能だ。そのことをおそらく小泉純一郎は知っていたのだろう。だから、常にワンフレーズを繰り返し、テレビカメラを意識したパフォーマンスをおこない小泉劇場をやりつづけた。だが小泉首相退陣以降、格差社会の到来という小泉改革のツケが回ってきたことは、すでに周知のとおりだ。やはりわれわれは「メディアの魔術師」に翻弄されて「お祭り党」となり「お祭り」のなかで夢をみていたといわざるをえない。新庄剛志も同様だ。パフォーマンスを繰り返し、イベント＝「お祭り」を半年以上にわたって持続させ、その間、われわれはやはり夢を見つづけることができた。しかし、前述したように、新庄は終身打率二割五分の「並」の選手だったのだ。つまり、内実があろうがなかろうが毎日を「お祭り」にして、人々にスペクタクルを見つづけさせることができれば、その間、「メディアの魔術師」は大衆を支配できるのだ。そして、いまそれを実行しているのが、そのまんま東＝東国原英夫宮崎県知事であることも、すでに述べたとおりだ。東国原は、メディアに露出し、ワンフレーズを発し、「県民総力戦」のスローガンのもと、宮崎県民を「お祭り党」に巻き込んでいる。これを持続できれば、それはひょっとして新しい政治のスタイルの誕生を意味するのかもしれない。これがポストモダンの時代に好ましいものなのか、恐ろしいものなのかは別として。

注

（1）リオタールと大塚の物語に関する見方は異なっているが、本書の東の議論のなかではこの二つが混同されている（東浩紀『動物化するポストモダン――オタクから見た日本』講談社現代新書、講談社、二〇〇一年）。

（2）東浩紀『ゲーム的リアリズムの誕生――動物化するポストモダン2』（講談社現代新書）、講談社、二〇〇七年、一六ページ

（3）同書

（4）同書一九ページ

（5）岡田斗司夫『東大オタク学講座』講談社、一九九七年

（6）中野収『メディア人間――コミュニケーション革命の構造』勁草書房、一九九七年、同『若者文化人類学――異人としての若者論』東京書籍、一九九一年

（7）ニクラス・ルーマン『社会システム論』上・下、佐藤勉訳、恒星社厚生閣、一九九三年

（8）もちろんヒトラーにはヨーゼフ・ゲッベルスという「お祭り」を発生させることに長けた参謀がおり、〈大きな物語〉を演出していたことも確かではあるが、ゲッベルスが用いたメディア・イベント＝「お祭り」は持続的な〈大きな物語〉の従属変数として機能していただけであり、それ自体がナチスを台頭させたわけではない。

第7章 「お祭り」とコミュニケーション——「お祭り」のミクロ構造

1 「お祭り」とテレビ

前章では「物語の消滅」という状況から「お祭り」出現のメカニズムを論じた。最終章の本章では、「コミュニケーションの変容」という状況から「お祭り」を考えてみたい。情報化社会のなかで人間のコミュニケーション様式はどのように変化しているのかを、メディア、とりわけテレビとの関係で考え、「お祭り」の発生要因を分析していく。

もっとも「お祭り」発生の原因はテレビだけではない。むしろ、これを受容するオーディエンス、さらには「メディア空間」におけるテレビというメディアの位置づけなど、さまざまな要因が絡んだ重層決定による。重層決定については前章でも論じたが、本章でも、やはり同様にこの重層決定の立場から「お祭り」を考えていく。具体的には「コミュニケーションの表出機能」と「情報消費」「表出に向けたネタ仕込み」という三つの概念を用いて、「お祭り」が発生するメカニズムを、送り手＝テレビ、受け手＝オーディエンス双方の側面から、とりわけオーディエンスのコミュニケーションをめぐるメディア・イベント受容側面に焦点を当てながら論じる。それによって「お祭り」や「お祭り党」の発生が、送り手と受け手の共犯関係によって成立していることを明らかにしていきたい。加えて、その際、これを促進する機能としてのインターネットが、どのように副次的に絡んでいくかについても言及していく。

2 コミュニケーションの機能

曖昧なコミュニケーションの定義

まず、コミュニケーション（communication）という言葉について確認しておこう。

コミュニケーションという用語は、日本語に当てはめようとするときしばしば考え込んでしまう言葉のひとつだ。通常われわれは、これを日本語に訳すことなく、そのまま使っている。コミュニケーションという用語のこのような運用法こそ、この言葉が備える曖昧性・両義性を象徴しているといえるだろう。

英和辞典のcommunicationの項目には、大別して二つの意味が記されている。だが、困ったことに、その二つはまったくかみ合わないどころか、ある意味、正反対の文脈にあるといえるものなのだ。

一つは「伝達」「連絡」「報道通信」「交信」である。これは、一般に電話・ラジオ・テレビ・有線・衛星・インターネットなどによる遠距離通信・電気通信学などで使われている用語だ。つまり「伝えること」が目的だ。

もう一つは「組織」「交際」「親密な関係」である。こちらは日常会話や団欒のなかで使われる。たとえば、「もっとコミュニケーションをとりましょう」という呼びかけは、「情報を伝え合う」というよりも、「情報を伝え合うという行為自体を頻繁化させる」という点に焦点が当てられていて、情報の内容を重視しているわけではない。

コミュニケーション論の文脈で、従来もっぱら焦点が当てられてきたのは前者の、いわば「機械のコミュニケーション」とでもいうべき伝達の側面だった。「情報は正しく伝えなければならない」というときには、明らかにメッセージ＝伝達内容の正確な移動に注意が寄せられてきた。こういった観点は、明らかにモダン＝近代主義的な立場に基づく偏重だ。「人間のコミュニケーション」を考える際には、前述したもう一つの側面にも焦点を当てる必要がある。もとより、人間は機械ではない。だから、この二つの側面は等しく扱われるべきだし、ポストモダンな状況で後者に対して考察を加えることは、時代を分析する手段になりうるだろう。そこで、ここからは表出の側面に焦点を当てながらコミュニケーションを考えていこう。

電車のなかでの二人の女子高校生の奇妙な会話

ある午後の昼下がり、僕が帰宅途中のJR京葉線の車内にいたときのことだった。車内はちょうど席が埋まるくらいの混雑。立っている客もちらほら。始発からの乗客である僕は、なんとか席を確保することができたが、途中駅から乗ってきた二人の女子高校生には席がなく、僕の席の前に立って会話を始めた。ところが、この二人の会話が、実に奇妙だったのだ。

会話はこんなふうに展開した。まず一方の女子高生（仮にAとしよう）がサッカーのJリーグのある選手について話を始めた。彼女はこの間の試合がどうだったとか、普段のファッションがどうだとか、芸能人との交際がどうだとか、この選手について一気にまくし立てた。話は延々と続くのだが、それを聞くもう一方の女子高生（仮にBとしよう）は内容についてはほとんどコメントしない。「へえ、そう、すごい、ウッソー、またー、やっぱりー」と言いつづけるだけだ。面白いのでしばらく観察してみると、BはAの話をほとんど聞いておらず、Aのしゃべりのリズムに合わせて合いの手を入れているにすぎないことに気がついた。

僕は、「この二人には何らかの力関係が存在していて、こんな一方向的なコミュニケーションが展開されているんだろうか」と勘ぐってしまった。つまり、AはBより権力的に優位な立場にあり、自分が好き勝手にしゃべりつづけてもBが忍耐強く聞きつづけるよう強要しているのでは、と考えたのである。

しかしながら、この邪推は、まったくの誤りだと判明する。AがひととおりJリーガーの話をし終わると役割が転換し、今度はBが、彼女が好きなアイドルの話を始めたのだ。先ほどのAと同様、その話しぶりは、ほとんど一方向的なのだが、今度はAが先ほどBが受け持っていた役割に回ったのだ。これまた、AはほとんどBの話を聞いている様子はなく、やはりリズムに合わせて相づちを打っているだけだった。

「この二人のコミュニケーションはいったいどうなっているんだ」

ところが二人は実に快適そうなのである。また、実に親密で仲がよさそうでもあった。

表出コミュニケーションとは

これは、実はコミュニケーションの重要な側面を端的に示しているエピソードだといえる。

言語学者アンドレ・マルチネは、人間のコミュニケーションには「伝達」のほかに、もう一つ「表出」という側面があることを指摘している。この分類は、前述した辞書レベルでのコミュニケーションについての二つの定義にも対応している。

伝達は「ある人間からもうひとりの人間への経験の引き渡しに用い」られる側面で、その目標は情報の正確な伝達にある。一方、表出は情報の授受という行為によって「話し手をあらゆる種類の内部的圧力・緊張から救い出す[1]」側面で、コミュニケーションという行為によってカタルシスおよび当事者間の親密性を獲得することを目標とする。その際、情報の伝達は二義的なものとなる。たとえば講義は伝達性が、茶飲み話は表出性が高いコミュニケーションだ。講義はその内容を送り手側にしっかり伝達しなければならず、受け手側にもしっかり理解しなければならないという要請がはたらく。一方、茶飲み話は送り手・受け手とも「楽しく会話する」ことがいちばんの目的になっている。もっとも、人間のコミュニケーションでは両者は常に同時に機能していることも確かで、講義では講義内容の伝達性が重要視されるといっても、話者と聞き手の間に親密性＝緊張からの解放が必要とされるし（教員も、面白おかしく講義して盛り上げる必要がある）、茶飲み話でも何らかの情報伝達はされている。前述のエピソードでいえば、女子高生たちはもっぱら表出側面に焦点を当ててコミュニケーションをおこなっていたのである。

彼女たちにとってコミュニケーションの目的とは、相手に情報を伝えることではなく、情報を伝える「行為それ自体」だ。情報を伝達しているかのような「演技」をすることによって、感情を表出し、気分をスッキリさせている。つまり、ストレスを解消しているというわけだ。そして、このとき、情報の伝達性＝正確性などたいした問題ではない。言い換えれば、伝達内容（シニフィエ）やその正確性（シニフィアン―シニフィエ関係、つまりコードの厳密性）は重要視されない。

だが、よく考えてみれば、われわれのコミュニケーションのほとんどはこのようなコミュニケーションで占められているといってもいい。人と会話をするときのことを思い出してみれば納得できるだろうが、誰かと話をするときに、いちいち相手が話をきちんと聞いているかとか、あるいは情報が確実に伝わっているかなどと確認することはまれである。たいていは話しっぱなしであり、だいたい聞いてくれるか、あるいは聞いているフリさえしてくれればそれでいいというのが正直なところだ。大方はそれで十分満足する。

ということは、僕が奇妙に感じた女子高生たちのコミュニケーションは、実は、奇妙でもなんでもなく、むしろ人間のコミュニケーションの中心を占めるものと考えることができる。僕が「奇妙」と感じたのは、二人の会話にはこの表出的な側面が極めて純粋なかたちで現れていたからにすぎない。実のところ、われわれが日常的におこなっている茶飲み話、カラオケによるコミュニケーション、酒を交じえた会話（ノミニケーション）は、どれをとっても、女子高校生の会話と何ら変わるところはない。挨拶や天候に関する会話などといった儀礼的行為も同様だ。情報伝達行為の際の表出機能による空間の共有とカタルシスの獲得は、これまでのコミュニケーション論が見過ごしてきたオルタナティブということにほかならない（アーヴィング・ゴッフマンやルーマンといった社会学者はすでにこのことをきちんととらえていたが）。

コミュニケーションの表出機能が保証する親密性と意味のリアリティ、そして連帯感

人間同士のコミュニケーションで重要なのは、むしろほとんどの場合、表出の側面である。特に日常会話では、情報の伝達よりも、コミュニケーションという行為を取り交わすことそれ自体がめざされており、伝達内容は、そのための手段＝メディアとして用いられている。言い換えれば、会話のほとんどは「暇つぶし」のために交わされていると考えていいだろう。それによってわれわれはカタルシスを獲得する。

加えてコミュニケーションの表出的側面から、われわれはさらに二つの感覚を獲得している。情報に対する「リアリティ」と相手に対する「親密性」の感覚だ。どちらもコミュニケーションの場の共有によって得られるものだが、この二つが連動すると、自分と相手は「連帯している」という感覚がもたらされる。

先の女子高生のエピソードを思い返してほしい。二人の間には本当に何の情報も伝わっていなかったのだろうか。もちろんメッセージの伝達部分では何も伝わっていないに等しい。お互い条件反

射的に相づちを打って聞いているフリをしているだけなのだから、伝達的機能としてはほとんどゼロだ。ところが、その一方で表出機能を経由して確実に伝達されていることがある。しかも、それは話し手から聞き手へではなく、聞き手から話し手に向けての伝達だ。一つは聞き手が常に相づちを打ったり合いの手を入れることで、これがある種のリズムを生み、話し手が表出している会話の内容にリアリティを与えていること。もう一つは、話を聞くという行為によって話し手にカタルシスを与えていることだ。それらは結果として話し手は相手に対して自分をいい気分にさせてくれる「いい人」という印象を形成し、相手に対する親密性が生まれるのだ。

このリアリティとカタルシスの提供が相互におこなわれていたので、二人の間には親密性が高まると同時に連帯感が生まれる。「会話を許容し合う私たちは〝なかよし〟よね」というわけである。

ネタを共有し合うということ

また二人は単に互いの話を聞いているフリをしているだけだとしても、表面的にはJリーガーとアイドルの情報というネタを共有したことになる。そしてこの会話の機会が継続すれば、それぞれが表出をおこなう際に発せられる情報が実際に相手に伝達（伝染？）されてもいく。つまりAはアイドルの情報、BはJリーガーに関する情報を実際に所有することになる。こういったネタの共有は、さらなる相づちの洗練を招いていくわけで、それは結果として親密性を加速し、当然、連帯感もさらに昂進していくことになる。そうすると今度は、「同じネタを共有している私たちは、これをネタに会話ができる」という意味で相手へのアクセシビリティも向上し、さらに連帯感が高まるというふうにスパイラルが発生する。二人の女子高生の仲のよさはこういうかたちで形成されてきたのだろう。僕が目撃した会話の様子は、二人の「仲のよさ」や「連帯感」をメンテナンスするためのルーティーン＝習慣的な儀礼だったととらえることができるだろう。

3 表出機能の変容

共同体における表出コミュニケーションのメカニズム

コミュニケーションの表出的側面について現代の日常的な場面に即してみてきたが、ではこの機能は歴史的にはどのように変容してきたのだろうか。

印刷物の普及以前、共同体でのコミュニケーションは、リテラシー／識字率が極めて低かったためにそのほとんどが口頭によるものだった。そのため、交わされる情報量は個人が関わる人数によって規定されていた。また、その内容もほとんどが相互に関与し合う共同体内の他者についての情報だけだった。流通する情報量は現代に比べればはるかに少なく、これが狭い空間の少人数の間で循環していたため、必然的に、対面的場では同じ情報が何度も繰り返された。そのため、表出コミュニケーションが圧倒的に支配的であり、これによって互いの緊張感が解かれると同時に、相互間に連帯感が形成されていた。要するに顔が見える他者についての同じネタが何度も、同じ構成員たちの間を巡っていたのである。では、そのコミュニケーションはどのような形態をとっていたのだろうか。具体的状況をみてみよう。

共同体内の人間AとBが対面的状況にあるとする。そこでコミュニケーションが交わされる場合、あらかじめ共有されているネタ、たとえばAとB双方ともに面識のある共同体内の構成員Cについての情報が、この場を活性化するメディア=ネタとなる。つまりAもBも、Cに関する情報、多くの場合はCを卑下するような内容（噂話など）を次々と提供する。ただし、この情報内容は限定された空間のなかですでに何度となく交されてきたものであり、情報の新奇性=伝達性はほとんどない。

このとき、AとBはまず、相互にCに関するネタを共有していることを確認することによって、互いが同じ地平に立つことを確認し、連帯意識をもつ。次に、Cへの侮蔑は、Cよりも自分の方が優越的立場に立つということになり、「自分はCほど愚かではない」と自らを差異化することに成功し、カタルシスを得ることができる。さらに、この優越性をAとB相互が同時に感じることによって、優越性のレベルでの連帯感も発生する。「Cに比べて私たちはイケている」というわけだ。

変化のない生活が続く共同体内では日常生活を活性化させるため、この方法は極めて有効だったといえるだろう。ちなみに、もちろんこのとき、表出のメディアとして使用する情報はCを称賛するような内容であってもかまわない。もっとも、この場合にはAとB二人のCに対する優越性から派生する連帯感は得られないので、結局、コミュニケーションではC、つまり共通に認識のある第三者の卑下、要するに悪口の方がコミュニケーションにおけるネタ=共有情報の中心を占めることになる。

ただし、このような状況は多様に存在する。たとえば、対面的な場に居合わせたのがBとCであれば、今度はAが侮蔑の対象となるし、CとAならばBが対象となりうる。限定された空間で限定された人間が重層的に関わり合うため、このような状況が必然的に起こるわけである。共同体内の共通に知っている第三者の情報を表出コミュニケーションのメディアとすることで、このコミュニケーションは成立するのだが、それは結果として相互のプライバシーの暴露合戦というかたちをとることになるのだ。だが、対面的場面における表出のコミュニケーションは日常のなかで常に意味のフィードバックがはたらく（ネタになる相手が至近に存在する）ため、こうすることで意味の、そして「環境」のリアリティを意識することもなく確信可能だった。言い換えれば、共同体のコミュニケーションとはこういった人の噂を媒介＝ネタとするものだったのだ。

表出機能の変容

①テレビ視聴による「情報消費」と「表出コミュニケーションへ向けたネタ仕込み」

さて、このコミュニケーションの表出的側面は、今日では、どのようなかたちで受容されているのだろうか。テレビが介在する状況で考えてみよう。

テレビ報道に対し、受け手／オーディエンスは建前上は情報入手のため、つまり事実を知るためという、伝達的側面を強調するスタンスで接している。「社会の現実を把握するために報道にアクセスする」という体裁をとっているのだ。しかし、実際のところ、テレビ・メディアへアクセスする主たる目的は「表出的側面」の獲得にあるといえる。これは、「情報消費」と「表出に向けたネタ仕込み」に分けられる。

「情報消費」とは、情報内容の摂取ではなく、情報に接する行為それ自体を目的とした情報へのアクセスを意味する。テレビ視聴はその典型だ。よく考えてみれば、われわれがテレビに接しているとき、伝達される情報は、報道番組を含めてそのほとんどが日常生活には不要なものだ。それでもわれわれがそこにチャンネルを合わせるのは、緊急時や学習などの例外的な場合を除いて、もっぱら「暇つぶし」のためだ。伝達内容など、実は二の次なのだ（このことは、もちろんほかのメディアに接する際にも該当するが、テレビは突出している）。ニュース番組も同様で、ある意味ではニュースこそ究極の暇つぶしだと考えることもできる。

一方、対面的コミュニケーションの際にはコミュニケーションを開くためのメディア、つまり前述したように「話題のネタ」が必要だが、この情報＝ネタをテレビを中心としたマスメディアから入手することが、「表出に向けたネタ仕込み」である。この場合も、テレビ情報の伝達的側面は表出コミュニケーションの活性化のために利用することが目的であり、伝達内容それ自体はあまり問題視されない。言い換えれば、「盛り上がりさえすれば、中身はなんでもいい」ということだ。

以下では、現代人のコミュニケーション状況の詳細について、「情報消費」および「表出に向けたネタ仕込み」のそれぞれについて、前章同様、共同体の崩壊と価値観の相対化の文脈から考えてみよう。

②共同体の崩壊と価値観の相対化――ミーイズムの出現

現代社会では、人々が直接的な対面の場に接する機会は確実に減少している。

第二次世界大戦後、アメリカによってわが国にもたらされたイデオロギーが、戦後民主主義だった。新たに起草された日本国憲法は、国民に自由、平等、国民主権、人権尊重という理念を提示した。だが、このイデオロギーは、一九六〇年代、高度経済成長によってわが国が過当な経済競争に突入すると、商品の購入と消費によって生活全体が覆い尽くされる消費社会へ回収されていく。民主主義は消費生活化と個人の欲望の解放を正当化する装置として機能するようになったのである。

消費社会の出現は、日本社会における共同体的な性質の払拭を徹底化していった。そもそも共同体とは経済的必然性に基づいて存在するものだった。単独では経済的に自立不可能な個人が共同体を構成し、相互扶助をおこなうことで生存が可能になるわけで、要するに一人では食えないが、みんなで集まって暮らせばなんとかなる、だから集団を構成するのである。これが共同体を構成していることの理由だった。だが、経済環境の充実が個人生活の自立化を促すと、それまで助け合うことで成立していた生活全般が、外注サービスやテクノロジーの発展によって個別単位で可能になりはじめる。すると人々は、経済力を背景にそれぞれの自由を謳歌することを切望するようになった。

そこで、顕在化してきたのが共同体における他者の煩わしさだった。共同生活での他者への配慮の必要性は、翻れば個人活動の自由を妨げる。そこで、経済力が増したのだからそれを頼りに自律的に行動し他者を排除すればいいという考えが生じる。要はカネにモノをいわせればいいのだ。そして、こういった考え方を正当化させたのが民主主義の諸理念にほかならなかった。「自由、平等なのだから、何をしようと自分の勝手なはずだ」という考え方である。こうして、共同体は経済的にもイデオロギー的にも、その存在根拠を完全に消失し瓦解していったのである。これによって、民主主義における個人主義的側面はミーイズム＝社会の利益より個人の欲望を優先する心性へとシフトする。それは自由、平等、人権尊重などの理念が消費と結び付くことで、個人の欲望が全面的に肯定された必然的結果だった。人々は人間よりもモノ＝商品／情報を重視する生活、つまり消費物の購入と消費によって生活全般を構築するスタイルを形成しはじめたのだ。

また消費の肥大は個々人の欲望が、それぞれの欲望のベクトルに従って「勝手気まま」に作動することも意味していた。言い換えれば、それは価値観の個別化でもあった。共同体では必然的だった諸価値の絶対性（それは相互の拘束によって共有、維持されていた）も共同体消滅とともに相対化されてしまう。意味は共同体を離れて浮遊しはじめた。

③メディア空間の出現と表出的コミュニケーションの減少

そのような状況のもと、一九八〇年代以降「メディア空間」が出現する。第4章でも示したように、メディア空間とは「日常生活において人間が接するあらゆる対象がメディアとなり、メディアから直接・間接的にインプット・アウトプットした情報によって思考・行動一般が形成されるメディア・ネットワーク環境[2]」をさす。テレビをつけ、インターネットに接続し、POSが設置されたコンビニや、ショッピングモールでクレジットカードを使って買い物をし、ケータイを使って連絡をとり、最新のJ―POPが配信されるカラオケで歌う。耳には常にiPodのイヤホンをし、手には携帯型ゲームをもっている……。つまり、日常生活のすべてがメディアと接続している環境、これがメディア空間なのだ。

メディア空間は、消費社会が提示するライフスタイルを、その高速性でいっそう促進させる。つまり、自由の障害になる他者は退けられ、ミーイズムは徹底させられる。

あらゆる分野にコンピューターおよびコンピューター・ネットワークが配備される。これによって物だけでなく情報も他者を介在させることなく入手可能になった。人と関わらなくとも十分な生活が営める環境が整備されたのだ。人々はメディアと対峙し、メディアを運用しさえすれば、日常生活の大半を処理することが可能になった。

また、メディアに接触する際には、情報のインプットもアウトプットも、イニシアチブが常に個人の側に置かれ、主客の関係が固定されるようになる。スイッチのオン・オフは主体の任意に委ねられるのであり、言い換えれば、全員が「ご主人様」になったのだ。必然的に、人々は自らにとって都合がいい情報だけをもっぱら入手するようになっていく。

④価値観の相対化とプライバシーの絶対尊重

このようなメディア情報の特性によって、個人は自分の基準に基づいたバラバラの価値観形成を促されていく。それは肯定的にとらえれば相互の価値観を尊重するということだが、否定的にとらえれば他者の価値観を受け付けないということでもある。「人それぞれでいいんじゃないの」と、他者の立場を尊重しながら、自らの立場も温存するというやり方が一般化したのだ。他者の価値観と自らの価値観は相対化され、優劣も序列もないものとなる。その結果、価値意識のレベルで上下左右のないスーパー・フラット[3]な状況が出現する。リアリティが徹底して個別化されると同時に、個別の価値観は逆に絶対化され、これを妨害する他者を排除するという心性が助長された。プライバシーが徹底して重視されるようになったのである。

だがそれは、人間関係断片化の招来ということでもあった。プライバシー防衛のために全人格的な人間関係は回避され、それぞれの関わり合いが人格の一部だけでおこなわれるようになったからだ。換言すれば、ヒトはモノ(商品としての物+情報)化し、人間関係もメディア化した。人々は、コミュニケーション全般にわたって相手をメディア機器のように扱いはじめるようになったのだ。だが、これによって個人の欲望はその最大化に向けて無限に突き進むことも、また可能になった。必然的に、対面的コミュニケーション機会の減少は避けられない傾向になっていく。

4 「テレビくん」というお友達?の出現――「情報消費」

テレビという他者の出現

とはいえ、コミュニケーションの表出的側面が親密性と意味のリアリティ、そして連帯感を獲得するための必須の条件であることに変わりはない。こうしたことは伝達よりも表出機能によって担われているからだ。しかし、メディア空間の出現による対面的な関わり合いの機会の減少は、必然的にコミュニケーションの表出的側面の獲得機会の減少も招いてしまう。そこで対面的接触の代替となったのが、「情報消費」を目的としたマスメディア接触、とりわけテレビだった。現代人は、テレビというメディアをコミュニケーションを交わす他者の代用、つまり「新しい他者」として用いることで、表出コミュニケーションを得るもう一つの方法を見いだしたのである。以降、「報道」を例に、テレビという他者と現代人の関わりについてみていこう。

テレビは客観報道などしないし、できない——情報編集の必然

対テレビ的コミュニケーション状況の検証に入る前に、まず報道の送り手側＝テレビの特性について押さえておきたい。

送り手＝テレビの報道目的は、認識論的には二側面から構成されている。一つは報道の客観性志向だ。とりわけ戦後日本では、主観・偏見・イデオロギーにとらわれず、事実をありのままに伝え、伝達の厳密化をめざすことは、報道の良心とされてきた。もう一つは、これと矛盾するが、商業的利潤の追求だ。たとえば、テレビが何よりも優先するのは視聴率である。この数字の上下によって、民放の場合はスポンサーから提供される広告料が大きく変動する。そのため、ときには視聴率確保のために、情報の客観性がないがしろにされる。前者とは逆にこちらは主観性志向だ。だが、こうしたことによる退廃化を防ぐために、歪められた報道（たとえば「やらせ」など）が発覚した場合、情報の倫理性についてしばしば議論が発生し、関係者の責任が問われることになる。テレビは表層的には客観報道と商業主義の間で揺れ動いているといえる。

しかし、客観報道であれ商業主義に基づく報道であれ、存在論的に見れば、半ば無意識のうちに、常にテレビは情報の選択・加工をおこなっているのだ。たとえば石田英敬は、NHK『ニュース10』とテレビ朝日『ニューステーション』を分析し、これらが客観的立場から報道を志向したとしても、構成上、明らかに情報の優劣性やデフォルメが含まれており、現実的には報道は一定のイ

デオロギーに基づいて恣意的に編成されていることを、記号論的視点から明らかにしている。[4]

もっとも石田の指摘を待つまでもなく、われわれ視聴者はテレビニュース番組での報道が脚色されていることなど、とっくにわかっているはずだ。たとえば、裁判報道を思い浮かべてみよう。裁判は、その様子をテレビ中継したり、録画して放送したりすることが許されていない。そこで裁判の様子を絵に描いて、この絵に基づいて報道がなされるのだが、その際、被告人は、ステレオタイプな人間として、ふてぶてしかったり、やつれていたりといった表情が強調されて描かれている。そしてときにテレビは法廷での問答を声優にしゃべらせて再現するのだが、このとき、被告人はやはりいかにも犯罪者という声色と語り口で再現されている。裁判の様子は二重三重に脚色が施されているのだ。また、これは第1章でも述べたが、宮崎で鳥インフルエンザ事件が発生したとき、NHKを含むほとんどの局が、ニュースを読むアナウンサーの背景写真に、鶏と鶏舎のほかに、なぜか東国原知事を映し出していた。しかも知事の姿がいちばん大きいのだ。明らかに東国原知事就任直後の最初の仕事という意味合いが前面に出されている画面づくりだった。もし新任知事が東国原以外の人物だったならば、はたして同じような背景写真になっただろうか。

このような情報の選択・加工がおこなわれるのは、限られた時間と限られた予算内で現実の複雑性を縮減して伝えなければならないという、報道が備える時間的・経済的制約に基づいているためだ。報道側は、視聴者一般がなじんでいる儀礼・制度化された既存のフレーム＝報道パターン[5]（これは、時代や当該文化・社会のなかで支配的な位置を占めるイデオロギー、あるいはハビトゥスに基づいて構成されている）のなかに情報を流し込む作業を常時おこなっている。これによって視聴者は報道内容の構造を容易に理解することが可能になるわけだ。このときフレームは、送り手側と受け手側が情報を了解し構造化するための、いわば文法的語彙＝コードの機能を果たしている。そのため、もし逆に既存のフレーム以外のフレームを用いて報道がなされるようなことがあれば、視聴者は混乱し、解釈不能に陥り、関心を失い、無意識のうちにそれらを遠ざけてしまう。また、このようなフレームは制作側にも半ば透明化されていて、無意識のうちに運用され、報道が編成されている。フレームは送り手と受け手の間に黙契的に共有されているのである。ちなみにこういったフレームはテレビ放送の歴史のなかで、テレビとオーディエンスの相互作用を通して構築されてきたものだ。

そして、これらイデオロギー的に単純化されたフレーム上に、今度は視聴率確保に向けて差異化された情報が加えられていく。結果として、報道は二重の記号化、つまり安定したフレーム提示のための記号化と視聴率確保をめざした差異化のための記号化による加工を受けることになる。こうすることで報道番組は必然的に、記号的かつ極めて通俗的に編成されていくことになる。これこそが報道の客観性の正体であり、「客観性」という名のポリティクスにほかならない。

社会の窓とヴァーチャルなお友達としてのテレビ

では、受け手＝オーディエンスの側は、この編集された報道をどのように受容しているのだろうか。まず、繰り返し視聴による学習を通して、オーディエンスは報道フレーム＝パターンを馴化させる。そのいわれ＝根拠はともかくとして、テレビが繰り返し報道するお約束の報道パターンを、オーディエンスも繰り返し視聴しつづけることで、次第にこれになじんでいく。その過程でオーデ

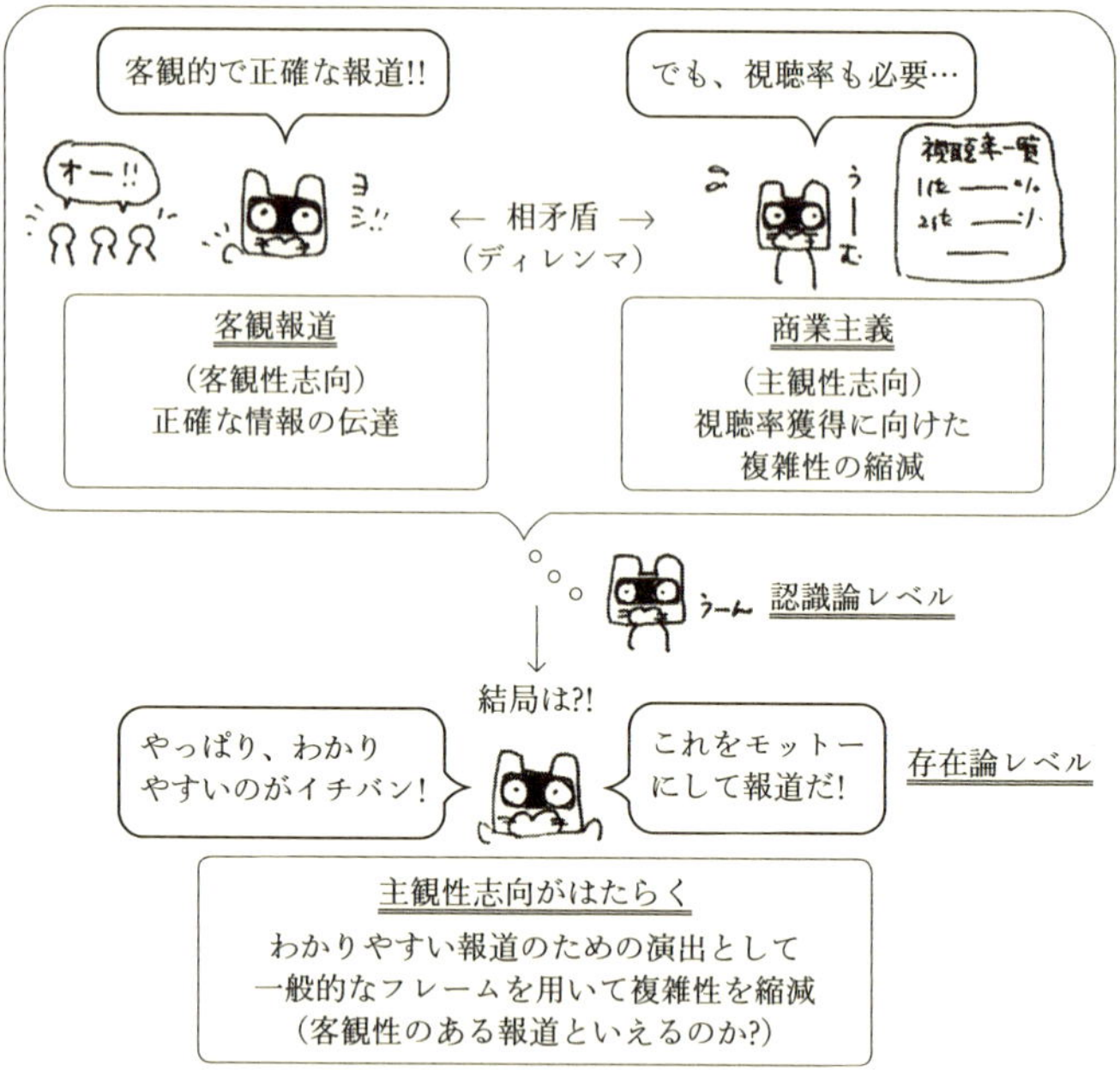
客観的で正確な報道!!
でも、視聴率も必要…
オー!!
ヨシ!!
← 相矛盾 →
（ディレンマ）
うーむ
視聴率一覧
客観報道
（客観性志向）
正確な情報の伝達
商業主義
（主観性志向）
視聴率獲得に向けた
複雑性の縮減
うーん
認識論レベル
結局は?!
やっぱり、わかり
やすいのがイチバン!
これをモットー
にして報道だ!
存在論レベル
主観性志向がはたらく
わかりやすい報道のための演出として
一般的なフレームを用いて複雑性を縮減
（客観性のある報道といえるのか?）

図12　テレビ報道における客観性の不在

ィエンスは意味と「環境」を構造化し、世界の複雑性を縮減する文法的語彙を獲得する。このときテレビは、いわば「社会の窓」として、オーディエンスに対し社会を見やすくするための枠組みを提供しているのだ。

そのフレームに基づいて新たな報道が流されると、フレームはあたかも共同体内の表出コミュニケーションでの「共有テーマ」のような機能を担うようになる。つまり、フレームに基づくことでオーディエンスは容易にメディア上のトピックに参入できるのだ（ただし、あくまで視聴者＝受け手としてだが）。そして、これらフレームに付加された差異化要素に触れることで、今度はカタルシスを得ると同時にテレビと擬似的な連帯感を獲得する。つまりテレビを「情報を共有するヴァーチャルなお友達」とみなし、その一方で「環境」のリアリティを確認する。これがメディア・アクセスにおける情報消費の側面である「暇つぶし」をもたらすのである。[6]つまり、「ちょっと寂しいんだけど、テレビ君、何か面白いことない？」とスイッチを入れるのだ。

双方向性をインターネットで補完？

ただし、テレビに接触するだけでは受動的な対情報行動＝インプットだけであり、対面的コミュニケーションの特性である双方向性が得られない。つまり情報をアウトプットすることに付随するカタルシスは得られないし、フィードバックによる意味のリアリティや、他者との連帯感の獲得も困難だ。そこでテレビゲームやインターネット（とりわけＢＢＳやチャット）などのインタラクティブ・メディアに接し、対面的コミュニケーションの能動的側面を擬制することで、ある程度にすぎないが、これを充当する。つまり、「Google」や「ウィキペディア」で情報検索をするという体裁をとりながら情報消費＝暇つぶしをし、また「2ちゃんねる」のスレッドに書き込みをすることでネット上の匿名の他者とインタラクティブにやりとりをし、本格的に暇をつぶすのである。これは情報消費というかたちをとるが、かつて対面的な場でなされていた表出コミュニケーションを代替しているのである。

ただし「2ちゃんねる」などのＢＢＳサイトでは互いの誹謗中傷や荒らしがあり、ブログなどでは炎上といった事態がしばしば発生する。これは、匿名による個人のプライバシーの保護を逆利用する心性に基づく。自分は勝手気ままに振る舞いたいが、他者はモノ＝メディアのように扱いたいという欲求がもとになっているのだ。前述したように、自分は常に「ご主人様」でありたいので、BBSなどで議論が始まると、自分の勝手気ままを阻害し、意見や思いに反論する他者は排除しようと攻撃に打って出るのだ。もちろん、匿名なので反撃を受けたとしても、それはネット上だけの出来事ですみ、生身の自分のプライバシーに危害が加わることはない。これによって、相手に対する攻撃は、しばしば個人の欲望の赴くままになり熾烈を極めていく[7]。だがそれによって、ネット上の他者に攻撃を仕掛ける匿名の人間間に一過性ながら連帯が生まれる。つまり攻撃される人間（この場合、サイトやブログの運営者、あるいはスレッド上で攻撃の対象になっている書き込み者）への優越感と、それを共有する連帯感だ。ネットでの炎上や荒らしといったバッシングは、要するに共同体の表出コミュニケーションを変質化させたかたちで取り込んだ形式なのである。

5　テレビ・ネタを介したコミュニケーション――「表出へ向けたネタ仕込み」

テレビ・ネタはどのように表出機能を担うか

しかし、ネット上だけで双方向性を完全に充当するのは不可能だ。実際のところ、インターネットはそのための手段の一部でしかないだろう。双方向性充当の中心は、減少したとはいっても、やはり対面的コミュニケーションである。だが、ここにテレビが介在してくることによって、対面的コミュニケーションの大きな変化、とりわけ表出側面で変化が生じていることも確かだ。

共同体における表出コミュニケーションは、絶対的な価値観に基づく制度的な上下関係（親子兄弟、上司・部下、先輩・後輩など）に従って儀礼的に、かつ互いのプライバシーを常時暴露するというスタイルによるものだった。だが、ミーイズムにおけるプライバシー重視と価値観相対化の徹底によって、こうした表出コミュニケーション・スタイルは徹底的に回避されるようになった。しかし、親密性と意味リアリティ、そして連帯感の確保のためには、表出コミュニケーションは必要である。そこで表出コミュニケーションのための話題のネタとして、マスメディア、とりわけテレビの情報を用いることで、対面的コミュニケーションでの「共同体的弊害」を回避するという方法がとられるようになった。

芸能人は共通の「知人」

一例として、芸能人スキャンダル情報をメディア＝話題のネタに用いたコミュニケーションを、前述の共同体内の表出コミュニケーションと比較しながら考えてみよう。有名俳優が麻薬を所持していたとして逮捕されたことがマスコミで報じられた。この情報が対面的場面で持ち出される際、それはすでにコミュニケーションの当事者双方ともにテレビ（このときはワイドショーになるだろう）の情報消費＝暇つぶしという行為を通してチェックずみである。そのため、その場では互いがその情報を共通に認知している事実が伝達されるだけで、実際には相互に取り交わされる情報内容の実質的な伝達度は、ほとんどゼロだ。同じメディアにアクセスし、同じネタを仕込んで、披露しあっているにすぎないため、これは当たり前だが、対面的な場では、このようなマスメディア情報は、あたかもスキャンダルに対する情報内容の交換、つまりコミュニケーションにおける「伝達」行為であるかのように、相互が情報をあまり知らないかのようなふりをしながらやりとりがおこなわれる。これは、明らかに情報授受行為によるカタルシス獲得を、つまり表出コミュニケーションを目的にしている状況である。

このとき、コミュニケーションの当事者たちは、共同体における対面的コミュニケーションとほぼ同じ状況のなかにいることになる。すなわち、コミュニケーションの当事者A・Bにとって、前述した共同体でのC、つまり第三者とはスキャンダル禍にある芸能人である。当事者たちは芸能人の不祥事というテーマの共有を確認し、これを話題にすることで連帯感を得ると同時に、その芸能人をバッシングの対象とすることで気軽に優越感を獲得することができる。しかも、その芸能人をバッシングすればするほど、表出コミュニケーションをおこなう当事者たちの優越性は高まり、緊張緩和とカタルシスが増加する。加えて、当事者は結果的にともに優越者となるため、優越性レベルでの一体感を生むことにもなるのだ。

この状況が共同体での対面的コミュニケーションと異なるのは、バッシング対象となる芸能人がメディアの向こう側にいる点だ。芸能人はコミュニケーションの当事者A・B双方が、直接的ではないが、間接的に、つまりメディアを通してよく知っている存在だ。芸能人は、共同体内の構成員のような親密性を抱くことができる「メディア共同体構成員」なのである。だが、芸能人はディスプレイの向こう側の存在なのでいかに誹謗中傷しようとも、こちらが攻撃を受けることはない。つ

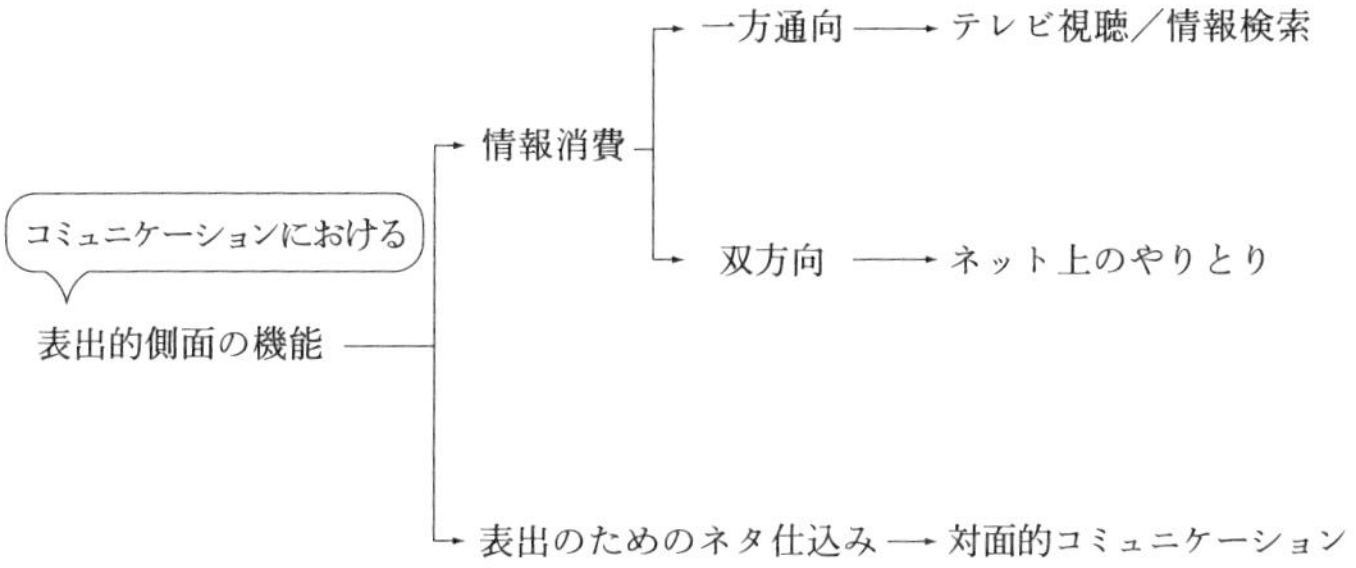

図13　表出的コミュニケーションの機能

まり、主客の関係が固定しているため、当事者A・Bは常に「ご主人様」としてバッシングする側にいつづけることが可能なのだ。前述した共同体のコミュニケーションの例で示したようなCの存在、バッシングされる側に自らが置かれる危険性は絶対にない。

プライバシーを隠蔽しながら、カタルシスを獲得

このように、既知だが面識のない「メディア共同体構成員」をもっぱら表出コミュニケーションのメディアとして利用していれば、結果として自らのプライバシーは防衛されるという副次的効果も得られる。会話の内容は、当事者たちには直接関係がない話題で埋め尽くされているが、そのおかげで、テレビ・メディアから入手した情報だけを用いていれば、相互のプライベートなことが話題の俎上に載せられることはないし、それどころか当事者たちの社会的属性さえ隠蔽される。プライバシーが隠蔽されることで、コミュニケーションの当事者は自らの属性を断片化しながら関わり合え、その平等性が維持される。ここでは社会学者アンソニー・ギデンズがいう「純粋な関係性」が成立しているのである。(8) 純粋な関係とは、経済的条件や階級、近親関係などの基準に拘束されることなく、相互の

関係それ自体から満足・利益を獲得したり場を共有したりするが、それが終了したり満足や利益が得られなくなった場合には解消・解散するといった関係のことを指す。ここに現出しているのは、まさにこういったスーパーフラットな状況にほかならない。メディア情報をネタとした会話という、新しい表出コミュニケーション領域の開拓によって、現代人は対面的な場でもミーイズムの徹底とプライバシー維持という条件を保持したまま、コミュニケーションから親密感、意味のリアリティ、そして連帯感獲得が可能になったのだ。

6 「お祭り」――そのさまざまな重層決定要因

「お祭り」――テレビ＝送り手とオーディエンス＝受け手による重層決定

このようにミーイズム的心性が守られるとなると人々は、安心してスキャンダルの対象を徹底的に叩こうとするようになる。メディアの向こう側の人間を叩けば叩くほど社会との共有感覚が得られ、コミュニケーションの地平が開け、〈自己〉が安定し、欲望が最大化される。そして暇つぶしも達成される。メディア上の人間から逆襲されることもないため、バッシングをやめる理由もない。そのためテレビ・メディアはこういったオーディエンスの表出コミュニケーション・ネタの需要に応えてスキャンダルの追及を続けていく。こうして、メディア上の人物やメディア・イベントへのバッシングは歯止めがきかなくなっていく。これをテレビを視聴している人間すべて、つまり日本なら一億三千万人がいっせいに始めるのだ。

このとき、送り手／テレビは、これをビジネス・チャンスと受け取る。視聴率が稼げる格好のネタととらえるわけで、そうすると前述したフレームが作動しはじめる。つまり、報道のデフォルメと省略＝単純化が始まるのである。郵政選挙の「水戸黄門」化、堀江貴文の「ホリエモン」化、沢尻エリカの「エリカ様」化、ドイツ・ワールドカップサッカーの「無敵のジーコ・ジャパン」化、飲酒運転撲滅のための「アルコール自粛」……。その際に「最終兵器」となるのがデフォルメ／単純化の究極の形式である「ワンフレーズ」からなる「キャッチコピー」だ。――「抵抗勢力」「想定外」「べつに〜」「ジーコ・ジャパン」「時節柄」などである。

「お祭り」が発生するのは、こうしてテレビが話題を取り上げ、それを表出コミュニケーションのためのネタとして一億三千万人が利用し、送り手と受け手双方のニーズによって話題がスパイラル的に盛り上がった瞬間である。送り手であれ受け手であれそれぞれに加担した者、つまり「お祭り党」と化した者は、カタルシス（＝感情的な快感）を得る。送り手側は経済的利益、受け手側は〈自己〉と社会の一員であるという連帯感といった利得を獲得していく。そして、この「お祭り」はネタが使い古され、コミュニケーションの表出のためのメディアとして機能しなくなるまで続く。

だが多くの場合、こうしたネタには奥行きがない。ということは、あっという間に盛り上がり、あっという間に終息するということになる。そして、一つが終息した後には、すぐ次の「お祭り」が待っている。それもまた受け手と送り手がそれぞれのニーズに基づいてそれを希求する構造ができあがっているからにほかならない。

ただし、テレビだけが「お祭り」を発生させているとするならば、これが近年になって多発している理由を説明するには不十分だ。テレビの普及は一九六〇年代に終了しており、当然、「お祭り」という現象もその普及に合わせてもっと早くから発生していていいはずだからだ。テレビのネタを「お祭り」のネタへと昇華させた要因は、やはりWeb2.0の存在にある。

「お祭り」を援護射撃するWeb2.0

①テレビとWeb2.0は根本的に異なるメディア

インターネットを中心としたWeb2.0が「お祭り」にどう加担しているかについて考えてみよう。第4章でもメディアの影響力の大きさはテレビ>Web2.0だと述べたが、「お祭り」発生の際のコミュニケーション状況でも、これは同様だ。つまり表出コミュニケーションを稼働させるエンジンはやはりテレビであり、Web2.0はその補助的な機能として貢献するのである。その根拠は、スケール・メリット、つまりテレビがインターネットに比べてはるかに膨大な数の人々が一つの情報にアクセスするメディアである点に求められる。

話題／ネタが「表出コミュニケーションのためのネタ」として機能するための条件のひとつは、その情報があらかじめ共有されていることにある。テレビはこの条件をインターネットよりもはるかに満たしていることはいうまでもないだろう。前述したように、テレビはプッシュ型メディアで、一度に数千万人が同じ映像を見る。ところがインターネットはプル型メディアで、検索して任意の情報を獲得するという主体性を要求するとともに、そうした任意性ゆえに情報にアクセスする人間の数が限定されてしまう。だから「Google」や「2ちゃんねる」の話題を表出ネタとして利用するためには、あらかじめ相手がそういった限定された情報に対して造詣があることが前提とされなければならない。

だが、テレビの情報はそうではない。主要なニュースをチェックしておけば、コミュニケーションのネタとして相手を選ばず十分に機能する。しかも、相互のプライバシーには触れることなく盛り上がりたいなら、完全な第三者の情報であるテレビ・ネタは安全だ。一方、インターネットの情報は非常にマニアックな場合があるので、うっかりネタにすると「空気を読めないオタク（この場合のオタクはネガティブな意味合い）」というレッテルを貼られる恐れがある。さらに「オタクな趣味をもっている」というプライバシーを相手にさらしてしまっていることにもなる。だから、「お祭り」ネタはもっぱらテレビ・ネタになるのだ。しかもテレビ・ネタはテレビ・メディアがフレーム化しているので、デフォルメされた単純さに満ちていてキャッチー、つまり「盛り上がる」ための要素を備えているので、使いやすいというメリットもある。

②「お祭り」ネタはテレビとネットを循環する

Web2.0は、テレビ・ネタで「お祭り」が展開する際、これを援護射撃したり、加速したりするメディアとして機能する。テレビで取り上げられたものは素早くネット上でも取り上げられ、掲示板などでも議論される。つまり、ネタ普及の加速化を促すのだ。一方、テレビの方もインターネットをチェックしていて、「お祭り」がいっそう盛り上がりそうなネタをネットから検索してくる。こういった循環がテレビとネットの間で起きているのだ。「お祭り」というには少々規模が小さいが、二〇〇五年に発生した電車男ブーム、〇六年に発生した「のまネコ」騒動（「2ちゃんねる」のキャラクター・モナーを音楽レーベルのエイベックスがミュージック・クリップに使い、さらに「のまネコ」として商標登録したことに2ちゃんねらーが激怒し、エイベックスのサイトが荒らしにあった事件）などは、こういったテレビとネットの間の情報のスパイラルによって発生したものといえるだろう。

③インターネットがテレビの価値を高める

Web2.0がもたらすものは徹底した個別のニーズへの対応といえる。インターネットはメディアのなかでも最もミーイズムに適合的なメディアだ。「Amazon」や「Google」、「ウィキペディア」といったサイトはいずれも、細分化された個別のニーズに対応する機能を有している。だから使えば使うほどズルズルとオタクな領域に入り込んでいくことになるのだが、そうなると、そうして入り込んだ領域の情報はコミュニケーションのネタとしてはほとんど機能しなくなる（オタク同士のディープなコミュニケーションは別として）。しかし、自分の欲望に忠実にWeb2.0を利用すれば、周辺の知り合いにはほとんど同好の士が存在しないような領域に誰もが入り込んでいくようになる。インターネットは、いわば「オタク社会」を実現していくのだ。

しかしながら、だからこそ、テレビの力はかえって強力になる。つまり情報が細分化し個別化し、コミュニケーションのネタがどんどんなくなっていくほど、誰とでもとりあえず盛り上がることができるネタがますます必要になるが、その唯一の集積場所としての機能をテレビは高めているのだ。しかも、テレビ・メディアをネタにした会話は前述したようにプライバシーを守るお手軽な手段でもある。ミーイズムという現代人の社会的性格にも極めて適合的なメディアであるテレビは、ますます必須のものになっていくのだ。オタク社会では、周囲に社会、つまり「想像の共同体」や〈一般化された他者〉を感じられない状況がつくられつつある。そんな状況の唯一の脱出路としてテレビ情報が逆に脚光を浴びるようになっているのである。

もちろん、メディアは細分化しているので、テレビはかつてのように高い視聴率を稼ぐことはできないだろう。しかし、個人がバラバラになった社会で連帯感を感じさせるツールとしては、これほど便利なものはない。長時間の視聴こそしないものの、ネタ仕込みのために習慣的にチェックするメディアにはなっている。テレビはいわばわれわれのコミュニケーションのネタのための議題設定機能を担うことになるわけだ。

また、テレビはわれわれが暮らす空間のイメージを提供するメディアとして機能することにもなる。テレビは「想像の共同体」と〈一般化された他者〉を提供する機関となったのだ。それは言い換えれば、〈自己〉がテレビ的に涵養されるということでもある。

④多様化と均質化の同時進行で均質化を担うテレビが重要となる

Web2.0で情報が細分化されればされるほど、テレビの一元的な情報がコミュニケーションに欠かせないものとなっていくと述べたが、これは前述したように多様化と均質化の同時進行を意味している。前者をWeb2.0が、後者をテレビが担うわけだが、その格差が極端になり、議題設定機能をテレビが一手に担い、これをWeb2.0が援護射撃するようになったとき、発生したのが「お祭り」だったというわけだ。

ただし、われわれの基本的な認識の視点はもはや「相対的」でしかない。情報の多様化は、あらゆる情報の絶対化を許容しないという心性をわれわれの認識のなかに作り上げている。だから、テレビに対しても、その情報に絶対的な信頼を置いているわけではない。やはり、多くの情報のひとつであるというスタンスは変わらない。だからテレビの情報にアクセスするのは瞬間的に盛り上がるためなのだ。「信用できないけれど頼るしかない。でもやっぱり信用できない。でも利用できればそれでよし」こういった曖昧なスタンスで、テレビはこれからも利用されつづけるだろう。

インターネットを中心としたWeb2.0は、巷で喧伝されるようにテレビを衰退させるどころか、「議題設定」という新たなメディア的特性をテレビに与えたという意味では、これまで以上に強力なメディアとしてテレビを機能させるうえで一役かっているのではないだろうか。(9)

⑤「お祭り」はテレビとWeb2.0の関数として出現した

以上をまとめておこう。かつてテレビは一元的な情報をマス/大衆に提供し、高度経済成長のような持続的な〈大きな物語〉を形成することに貢献した。しかし、情報社会の進展に伴う価値観の多様化と相対化によって、テレビはその価値を相対的に低下させ、一元的にマスを支配する力を失った。そして個別化の進行が情報の多様化やインターネットの普及などによって徹底されたとき、テレビは一元的な物語を提供する機能に代わって、プライベートで個別的な生活を志向する人々がミーイズムを温存しながら、社会とのつながりや連帯を刹那的に求めるための手段=メディアとして再定義されていく。それが瞬間的な連帯としての「お祭り」(=〈物語〉の代替物)をもたらすことになる。一方、このときインターネットを中心とするWeb2.0はよりプライベートな私的領域を充足するメディアとして機能し、価値観の細分化・相対化をいっそう徹底していくとともに、逆に一体感を感じるためのメディアとしてのテレビの機能を高め、それがさらに「お祭り」現象を頻発化させていく。テレビとWeb2.0、そしてミーイズムを志向する人間のコミュニケーション的受容の関数として出現した現象が「お祭り」なのである。

7 「お祭り」を飼い慣らすために

残念ながら画期的な処方箋は出せません

以上、劇場型社会の分析として「お祭り」と「お祭り党」の分析をおこなってきた。この現象が消費社会化・情報社会化とメディアの重層化による必然的結果であることがおわかりいただけたと思う。そして、この現象が、やはりかなり危険性を孕んでいることも察せられたのではないだろうか。

そこで、筆者である僕としては、この現象に対する処方箋を最終的に提示するというのが、本書の理想的な締め括り方ではあるのだが、残念ながら、現状では決定的な処方箋を提示できるまでには至っていない。いわば、病気の原因を突き止めたというレベルにとどまっているというのが正直なところだ。

もちろん、紋切り型に「お祭りには加担するな」といってしまってもいいのだが、それは消費社会・情報社会に生きる私たちには不可能なことだ。「お祭り」に加担してしまう理由は、自己や社会を実感できる方法がさしあたりこれ以外ないためなのだから、加担しなくてもよくなるためには「お祭り」に代わるシステムが必要となる。だから処方箋とは新たなシステムの提示ということになるのだが……。

そもそも分析をおこなっている僕にしたところで、「お祭り」が発生しているときには、正直言ってワクワクしてしまうことも多い。だからもし処方箋まがいのものを提示するとすれば、次のようなものでしかない。それは治療のための薬というよりは、むしろ健康食品くらいのものといっていいかもしれない。

コミュニケーションのすれっからしをめざせ!

一つは常に相対化の感覚をもつことである。「お祭り」にノッてしまい、ワクワクするのは仕方がないとしても、早く見切りをつけるか、あるいは仕掛けがたいしたことがない場合には「つまらない」と言って付き合わないことだ。もっとも「つまらない」といえるには祭りのフレーム＝パターンを知ることが必要だが、そのためには、いわばメディア・リテラシーを涵養していくしかない。こういった相対化を促す教育、すなわちメディア的な啓蒙も必要だろう。ちなみに、本書もそのような意図のもとに執筆したつもりだ。

もう一つは、表出コミュニケーションを飼い慣らすことだ。本書で示してきたようにコミュニケーションの表出機能はわれわれの人間関係を構築したり調整したりするために欠かすことができないものだ。共振することで感情を高め互いの連帯を促す。ただしこの快適さに耽溺するのではなく、ときには進んで脱却するような視点、言い換えればこれをコントロールするような視点を獲得する必要がある。そのためにはコミュニケーションが抱える不快な側面をあえて選ぶことだ。それは人間関係のコンフリクトだったり、一見すると表出を生まないような伝達的側面の侵入だったりするのだが、こういったいわば「苦いもの」をあえて口にするような態度を身につけることが大切だろう。そして苦いものの味を熟知した暁には、コミュニケーションの表出的側面をコントロールしながらこれを享受することもできるようになる。言い換えれば、それはコミュニケーション的状況それ自体を相対化することになる。

いずれにしても情報、そしてコミュニケーションに対して「すれっからし」になること、これが必要なのではないだろうか。それは一九八〇年代前半に、突然降って湧いたような現代思想ブームのなかで、時代の寵児となったニューアカデミズムの旗手・浅田彰が読者に向かって放ったプロパガンダに通じるものではないかと思う。いわく、「シラケつつノリ、ノリつつシラケる」したたかさ。この戦略はいまだに有効ということなのだろう。

注

(1) アンドレ・マルチネ『言語機能論』田中春美／倉又浩一訳、みすず書房、一九七五年

(2) 社会学者の西垣通や鈴木謙介の「ウェブ社会」という考え方は中野の「メディア空間」とほぼ同じである（西垣通『ウェブ社会をどう生きるか』岩波新書、岩波書店、二〇〇七年、鈴木謙介『ウェブ社会の思想――〈遍在する私〉をどう生きるか』NHKブックス、日本放送出版協会、二〇〇七年）

（3）現代美術家・村上隆が提唱した概念。「日本の消費文化独特の浅はかな空虚感をはじめ、日本での様々な時代の様々な種類の平面絵画、アニメーション、ポップカルチャー、ファインアート、キャラクター文化といったものを示す」（「ウィキペディア」）が、思想家・東浩紀やフリーライター・永江朗は、村上の手法が遠近法をとらないことから日本社会の階層性のなさや価値観の相対化を示す概念として用いている。
（4）石田英敬『記号の知、メディアの知――日常生活批判のためのレッスン』東京大学出版会、二〇〇三年
（5）E.Goffman, *Frame Analysis : an essay on the organization of experience* ,Penguin Books,1975.
（6）インターネットでポータルサイトにアクセスすることもこれと同様の動機でおこなわれている。ネットに日常的に接続している人間の行動様式は、テレビ同様、情報を検索するというよりも、明らかに暇つぶし＝情報消費が基調になっている。
（7）ちなみに、サイト上での究極の他者攻撃は、匿名性を暴いてしまうことだ。
（8）アンソニー・ギデンズ『親密性の変容――近代社会におけるセクシュアリティ、愛情、エロティシズム』松尾精文／松川昭子訳、而立書房、一九九五年
（9）このように考えてみると、Web2.0論者たちが語っているテレビ機能の縮小や、テレビがインターネットに飲み込まれていくという議論が、極めて現実的ではないということが見えてくるだろう。たとえば広告事業ではテレビよりインターネットの方がはるかに対費用効果が高いという指摘がある。つまり、コンピューターを扱っているウェブサイトにパソコン関係のバナー広告を掲載すれば、ネットをブラウズする側がこれをチェックする確率がかなり高いことは容易に想像がつく。また「Google」のアドワーズは検索結果に関連した商品のサイトを提示するものだが、こちらもチェックされる確率

は同様に高い。いずれもアクセスする側が関心をもった項目の関連筋の情報だからだ。一方、テレビCMはネット上の広告のように、あらかじめ相手を囲い込むことができず、不特定かつ膨大な数の人間に情報を提供している。当然、この情報に関心を示すオーディエンスはごく一部だ。しかもビデオ録画で見るオーディエンスにはCMはスキップされてしまう。どうみても広告としては生産性の低いメディアだ。

しかし、これは広告におけるテレビとインターネットの機能を同一視することによる誤謬である。序章で示しておいたようにテレビはプッシュ型、インターネットはプル型のメディアであるため、人々のアクセス・スタイルは根本的に異なっている。たとえば、広告がもっぱらインターネットだけでおこなわれていたら、人々はインターネットに商品情報アクセスにいく術を失ってしまうだろう。需要が創出されないことには情報検索は起きないからだ。商品購入でも、やはりテレビは議題設定機能をもち、その詳細を補完するかたちでインターネットが機能する。広告機能では、テレビがCMで商品を紹介し、それによって購買動機が形成され、そのバリエーションをネットの広告で検索し、さらには購入を検討するというような使い分けが起こるのである。

あとがき

本書を思いついたのは二つのことがきっかけだった。

一つは、序文でも示したように、メディアを媒介として日本国中を巻き込むような「大騒ぎ」が頻発しているという事実だ。しかし、これは爆発的勢いで発生するにもかかわらず瞬時に終息する。これがとても僕の好奇心を刺激したのだ。そんなときに、当時暮らしていた宮崎で、そのまんま東劇場が発生し、それを間近で観察できるチャンスを得た。

もう一つは、こういった事態が頻発するにもかかわらず、社会学、社会心理学、メディア論といった領域でこれがほとんど議論されていないという事実だ。情報化社会論では、もっぱらインターネットを中心としたWeb2.0の議論が展開されていた。これもまた、僕には不可解で不思議な現象だった。そこで、これらを分析するキーワードとしてネット上の「祭り」という現象をヒントに「お祭り」という概念を提示し、議論を展開してみたらどうだろうと考えたのだ。このアイデアが、読者を多少なりともハッとさせることができていれば、僕の企みは成功したことになる。

さて、これらの議論を展開するにあたって、議論の下敷きとしたのは社会学者・中野収の「メディア空間」という考え方だった。中野は一九七〇年代から三十年にわたって社会学・現代思想の論陣の一端を担った人物だが、「ものみなメディア」という汎メディア論を展開し、もっぱらメディア文化論とメディアの重層決定論を論じてきた。その論考は二十一世紀の現在、現代思想などで議論される項目の多くを、すでにフォローしていた。中野は確実に未来を予見していたのだ。ただし、中野の著したものは論文というよりはエッセイ的な色彩が強く、使用文献もほとんどついていないものが多かった。にもかかわらず結構難解で、また、論壇とも一線を画すという、独自のスタンスを貫いていた。おかげで、議論はあまり日の目を見ることがないまま本人が逝ってしまった感がぬぐえない（中野は二〇〇六年に逝去している）。社会学者＝メディア論者・中野収はもう少し評価されてもよかったのではないかと思う。

実は中野さんとは十五年ほど前に二年間ほど、ある研究機関のメンバーとして共同研究に携わった経験がある。もちろん僕にとっては中野さんは「先生」（法政大学時代、彼は僕が所属する社会学科で「情報の理論」という講義を担当しておられた）で、あこがれの人物でもあったのだが、共同研究では中野さんは、僕のそんな思いなどおかまいなく、とにかくメンバーに議論をふっかけつづけた。おかげで共同研究の場は白熱化し、まさに〝口角泡を飛ばす〟といった状況になった。そんなことを繰り返すうちに、僕たちの議論はどこからどこまでが誰の論考かわからない「集団思考」的なものになってしまったことを、楽しい思い出としてよく覚えている。

そういうわけで、本書での僕の考察は中野さんの文献だけではなく、このときの議論の経験が反映されている。つまり、中野さんだったらこんなふうに「お祭り」現象を分析したのではないか、という前提に基づいて展開されているものが多々ある（もっとも、「自分はこんな雑なことは考えない」と草葉の陰から中野さんがツッコミを入れるかもしれないが……。また、集団思考のため、結局、メンバーの誰のアイデアだったのかもわからないのだが）。ちなみに本書で筆者は自分のことを「僕」と表記しているが、これは中野さんのスタイルをお借りしたものだ。

さて、本書を著すにあたっては、中野さん以外にもさまざまな分野からのご助力をいただいている。中野さんとの出会いのきっかけをつくってくれたと同時に、僕にアイデアを提供してくれた大兄・小谷敏大妻女子大教授、常にアイデアの相談に乗ってくれた梅津顕一郎宮崎公立大学准教授、「お祭り党」のアイデアを連載の形式をとって公表してくれた「毎日新聞」の福岡賢正氏と矢部明洋氏、「毎日新聞」上でコラボ連載をしてくださった詩人・渡辺玄英氏、東国原英夫宮崎県知事への再三のインタビューのきっかけをつくってくれたＵＭＫテレビ宮崎報道部（当時）・赤塚剛氏と神戸圭介氏、ＭＲＴ宮崎放送アナウンサー・関知子氏、同ディレクターで僕の教え子でもある小倉哲氏、青弓社との関わりをつくってくれた早川洋行滋賀大学教授……あげていけばきりがない。これらの方々にここで感謝したい。

また、本書の企画を引き受けてくださった青弓社の矢野恵二氏には心から感謝したい。多少なりとも氏の意に沿ったものに本書が仕上がっていれば幸いである。

[著者略歴]
新井克弥（あらい かつや）
1960年、静岡県生まれ
関東学院大学文学部教授
専攻はメディア論
単著『バックパッカーズ・タウン、カオサン探検』（双葉社）、共著『若者論を読む』（世界思想社）、『情報化の中の〈私〉』（福村出版）、『情報化と社会心理』（中央大学出版部）など

青弓社ライブラリー58

劇場型社会《げきじょうがたしゃかい》の構造《こうぞう》　「お祭り党」という視点

発行――2009年7月19日　第1刷

定価――1600円＋税

著者――新井克弥

発行者――矢野恵二

発行所――株式会社青弓社
〒101-0061 東京都千代田区三崎町3-3-4
電話 03-3265-8548（代）
http://www.seikyusha.co.jp

印刷所――厚徳社

製本所――厚徳社

ISBN978-4-7872-3300-4 C0336